宋·陳次升 撰

讜論集

中国书店

詳校官御史臣莫瞻菉

臣紀昀覆勘

欽定四庫全書　　史部六

提要　　詔令奏議類 奏議之屬

讜論集五卷

臣等謹案讜論集五卷宋陳次升撰次升字當時興化仙遊人熙寧二年第進士知安邱縣以薦為監察御史提點淮南河東刑獄入為殿中侍御史進左史諫貶南安軍監酒税徽宗立名還為右諫議大夫復除名編管循

州政和中復舊職卒事蹟具宋史本傳次升
為太學生時即斥王安石字説為秦學坐是
屏棄通籍後三居言責建議鯁切為時所憚
其最大者在止呂升卿之使嶺南劉安世謂
其大有功於元祐諸臣至其彈章惇蔡京蔡
卞魯布諸疏尤為明白痛切聳動耳目雖根
株不能盡拔卒為所中以致垂老投荒而剛
直之氣凜然猶可想見本傳載所陳前後凡

十餘事皆有關於賢姦消長政治得失之故
為他人所不敢發而謂其他所言曾肇王覿
張庭堅賈易李昭玘呂希哲范純禮蘇軾等
公議或不謂然今即集中所存諸疏觀之其
論王覿也以曾布所善其論曾肇也以布之
至親其論呂希哲也亦以韓忠彦之親其論
范純禮也以對遼使悞犯御名事各有因與
曲加指摘者不同且是是非非雖當代清流

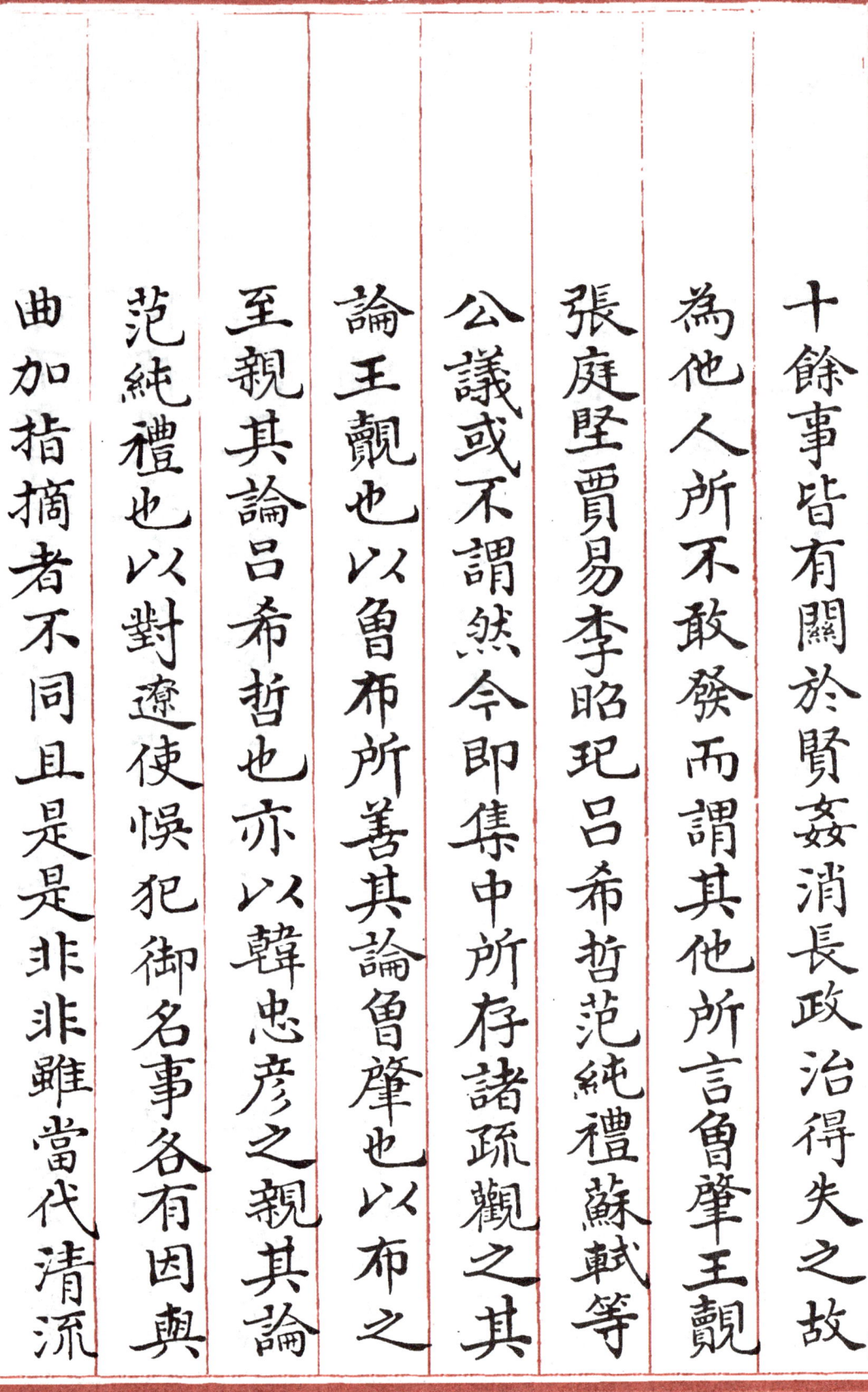

亦不肯稍存假借此正其破除成見毫無黨
同伐異之私作史者乃以門户之局為次升
病謬之甚矣是集本次升兄子南安丞安國
所編取哲宗顧問之語以名之所録奏疏凡
二百七篇久佚不傳惟永樂大典中頗散見
其篇題採掇編次共得八十六篇又於歷代
名臣奏議中增補三十篇較諸原本所存僅
十之五六然昌言偉論為史冊所未載者尚

可考見其梗概謹考證時事次第先後釐爲
五卷而以行實一篇附於卷末庶讀史者得
以參証焉乾隆四十六年三月恭校上

總纂官臣紀昀臣陸錫熊臣孫士毅

總校官臣陸費墀

原序

上語樞密曾布曰朕除陳某諫官建議何如布奏皆謂
陛下得人上曰尚未肯供職公知眷意之重受命登對
方造膝上遽曰久不聞卿讜論公再乞避言路上曰朕
親擢卿復何辭時姦人讒毀擠陷忠良欲肆誅戮其事
尚秘上亦疑之因公奏對上顧問近朝廷有何議論公
遂奏曰臣聞小人横議動揺宣仁徽號如臣所聞宣仁
保佑聖躬終始無間上竦然曰卿何自知公曰臣職許

風聞陛下無問其所從來願勿聽小人銷骨之謗恐傷
國體上虧聖德下及無辜上首領之再其議遂不行故
待制劉公罷之聞之嘆曰陳當時有德於元祐人深矣
瑤華之獄公辯不勝中宫虚位元符末大臣將有建立
適判宗濟陽郡王宗景妻亡以妾楊氏為正室公奏葵
丘之會盟誓之戒猶曰無以妾為妻而宗藩大臣乃爾
其於聖朝寧不為累論列激切蓋有諷焉人皆為公危
之哲宗聖明納公之言罷宗景黜楊氏大臣愈忌掖庭

亦欲公去乘間抵巇無所不至以論大理觀望多致濫
獄乞罷京城邏者蓋詆惇卞之苛刻上問大臣觀望者
蔡卞奏謂臣等觀望陛下遂貶監南安軍務表謝哲宗
親覽諭宰執與移近地且將復用而哲宗升遐上皇入
繼大統正人彙征公還臺端首論堂陛不嚴內侍不恭
凌慢無禮將有不可制之患蔡京奸邪凶險詭譎誕謾
有過人者交通貴戚親昵閹宦任數挾智結連上下呼
吸羣小開國家之大隙是時諫官陳瓘協力彈擊而言

及欽聖已復辟猶預政先以罪去京偃蹇自若孰不畏
其凶焰公獨毅然極論京唱為預政之語嚇脅臺諫此
京之罪非瓘之罪也瓘以言為職當示曲全京窺伺宫
禁罪安可赦京始罷黜時遼主新立聘使往還求為釁
端朝廷憂之以公為生辰初使及境接伴使來公設席
用花株使人不受公亦不撤沿路所至多不遵故事但
云今新主也公一切辨正之到闕先就館賜晏以宰相
李儼伴儼詰館力辯用花之禮且曰南朝亦在亮陰中

公曰本朝故事虞主祔廟後百官吉服惟不聽樂儼曰
花樂相胥既不聽樂何故用花公曰嘗聞三年四海遏
密八音未聞禁花儼詞屈就席如禮宴歡告公曰道宗
皇帝廷試進士嘗試以南北永敦信誓爲題公曰祖宗
盟好誠貫白日兩朝赤子之福也使還京黨復熾援自
輿申其勢已成未幾遂召公當批駁力莫回天以寶文
閣待制出知潁昌府自京竊國柄累謫至削籍投荒勒
刻名石緣星變宥罪叙復元官重和元年三月十五日

公薨於私第遺稿散失幾半與啟沃密者焚之笥篋所
存二百七章今編為二十卷標曰讜論集蓋取哲宗皇
帝聖語也公平生慎密論事人罕知者去國一十八年
絶口不談時政僕於猶子中最蒙顧眄榻前之語蓋嘗
預聞謹序集首以備國史採擇紹興五年五月望日姪
右宣教郎知泉州南安縣丞陳安國序

欽定四庫全書

讜論集卷一　　　　宋　陳次升　撰

上神宗論轉運使選用責任考課三法狀（按此元豐七年次升初為御史時所奏）

臣伏以生民休戚繫郡縣之得失今天下州三百縣一千二百其治否朝廷固不得周知付之十八路轉運使而與選者三司副使省府判官提點刑獄或以叙進才與不才固已混淆一旦付以一道按察之寄雖知其不

勝任必重退之是重抑一人希進之心而輕一道生民
之命今選用不精又責任無法考課不平其間非闒滯
罷懦即凌肆刻薄十常八九所以下之疾苦不得上聞
而重其愁歎故也朝廷有意天下之治宜自轉運使始
今上選用責任考課三法其選用之法以公正明斷惠
愛為本公正可使糾率官吏明斷可使決治繁劇惠愛
可使卹民之隱苟無數者之長即以補他職其禄賜恩
禮視轉運使可也其責任之法曰唐虞四岳十二牧三

代方伯連帥漢部刺史皆今轉運使之任今居職者非
其人專以辦財賦為職業故郡縣之職業不修獨掊斂
刻暴之令行而民受其弊蓋典制不立所致也今舉其
切務有五一稱薦賢材各堪其任二按劾貪繆修舉政
事三實户口增墾田四財用充足民不煩擾五興利除
害仍令歲終具條所施行者以聞其考課之法曰故事
轉運使給御印紙歲終満上審官院校之三司亦嘗有
考課條其後卒不能行蓋委計司則先財利而忽民事

在審官又因循常務而無考第之實按漢之御史中丞
外督部刺史宜付御史臺考課為三等中書門下參覆
其實其上等量所部事之劇易而褒進之中等仍舊秩
下等退補一部若風績尤異即擢以不次其職事弛廢
不俟秩滿即行黜削

上哲宗論江湖鬬鹽按此時哲宗初立命次升經理鹽法

臣竊惟今日之所急者莫先乎理財理財之義在乎上
下協同事乃克濟訪聞江南東西路荆湖南北路州縣

鹽貨甚闕居民苦於食淡除每歲所賣數外更有准備之數但為虛文官中殊無蓄積本路監司州縣雖申發運司乞行支撥本司不為協力應副是致闕絶間或撥到鹽綱又被鋪户用鈔盡數請買官鹽既闕即倍高其價出賣以取厚利而官中走失課利甚多其弊不可不懲也伏望聖慈嚴賜指揮令發運司常切支撥逐路每歲所賣及准備鹽數務要充足仍具撥過數申户部令户部檢察施行所貴遠方之民不困於淡食而國家課

利增美矣取進止

上哲宗乞保甲地土不及二十畝者免冬教按次升行實此奏上於司馬文正當國之日攷史為元祐初年

臣伏覩元豐八年四月二十三日樞密院奏請保甲上教其下等人户地土既少不免効力為生并止有兩丁其間有病疾者雖依條未該破丁若不能營作顯難應副保甲色役三省同奉聖旨府界三路保甲除見教人外本家止有兩丁病患未該破丁而委的不堪營作并

第五等以下土地不及二十畝者並免推行之役人以為便況當時奏請得旨施行乃是今日一二大臣修先帝法度之人非是故為增損而壞法者也今年六月二十四日却有指揮衝改地土不及二十畝之家免冬教全條更不行用及老疾羸弱者選以次人承替緣貧下之人其田不及二十畝効力以求日給若令上教則廢為生之道官中雖給口食不足以償所費其家無以養兼老病羸弱之人既難以筋力從事其養生必賴於壯

者若是兩丁之家一丁老病而又令壯丁代教則老病
者必致失所竊聞此法既行人欲避免保丁有賣盡土
地者有分析生産者或稱父母年老或分房向外或令
女婿出外乞破丁人情如此理當安存蓋民為邦本本
固則邦寧民既賣土地不為長久之計窮則斯濫必流
而為盜恐貽朝廷之憂臣伏乞睿旨令保甲土地不及
二十畝兩丁病患者並依元豐八年指揮施行以安存貧
下老弱之民不勝幸甚

上哲宗論知人 按歷代名臣奏議曰此元祐元年事與下理財疏同時

臣伏覩周紳李彥倫巴宜張康國蔡踏吳伯舉李植朱昢近因賜對除朱昢知泗州吳伯舉太常博士餘皆提舉常平司官者竊以爵所以旌有德祿所以待有功非德而爵無功而祿何以為天下之勸故人主以爵祿為操柄而砥礪天下之才官必得其合人必稱其職恭惟神宗皇帝勵精庶政允釐百工大臣每薦人材必召對能者隨其才而進之否則令歸本任蓋所以明黜陟之

公也風聞前任官登對朱晪最不稱旨故與知州差遣
且自通判升為郡守已是進職若得常調一郡亦僥倖
今乃除知泗州況泗州地望非他郡可比經是任外則
為監司內則省寺監官如此則是與稱旨者無異矣以
晪之守泗雖不足論然召對所以旌別人材今例有選
任是有召對之名而無升黜之實朝廷用人如此良可
惜哉除受恐累國體伏望陛下稽攷先朝政事召對臣
寮必擇其能者而進之其不稱旨者令歸本任庶使賢

否有别多士知勸其朱眀若先有指揮與知州差遣即改差常調一郡少示黜陟庶允公議取進止

上哲宗論理財

臣切以民財有限取之不可以過多邦賦有常用之不可以無節熈寜以前上供錢物無額外之求州縣無非法之斂自後獻利之臣不原此意惟務刻削以為己功若臧一事一件則據其所減色額責令轉運封樁上供别有增置合用之物又合自辦上供名件歲益加多有

司財用日惟不足既無家資之可助又無鄰粟之可貸必至多方以取於民非法之征其來乃自乎是且人臣莫不有惻隱之心豈無愛民之意比年監司多以掊取相高者蓋迫於歲計不足其勢不得已而然也伏自陛下臨御以來輕傜役薄賦斂澄汰掊刻崇尚忠厚天下之人莫不咸被德澤歡欣鼓舞屬心內附拭目以觀太平之極致然而額外上供之數未除切恐異日供應不辦官司則有失職之責苟欲避免侵漁之患復從而生

未足以副陛下仁厚之德臣欲乞聖慈特降指揮勘會
熙寧以來於舊上供額外瓶行封樁錢物並與放罷庶
使官吏不至過有誅求而民無騷擾之害

上哲宗論五路舉人省試 按此奏在紹聖二年

臣伏見熙寧間朝廷以聲律記誦之學不達先王道德
之妙欲行革去遂以經義取人罷聲律損諸科以誘進
學者以京東陝西河北河東京西州軍諸科為多南省
奏名特以五路舉人別作一項考校蓋以其遽罷諸科

所以優之也行之逮今二十餘年人習經義之學與諸路舉人無異兼元祐以前諸科鮮額有闕並許發解進士其舉人赴省試者甚多近年已行罷去每及十人方取一人發解舉人既少南省奏名尚别作一項考校顯屬未均欲乞聖慈特降指揮南省奏名除曾應諸科改應進士人外其五路舉人與諸路衮同考校庶得均濟取進止

上哲宗乞寢賜孟在宅狀　按元祐七年立皇后孟氏紹聖三年廢之僅五

年賜孟在宅史無明文而次升於紹聖二年再除御史應在是時

臣竊聞以堆垛場賜孟在為宅者恭惟皇后配儷宸極母儀天下賜父之第誰曰不宜然堆垛場密通宮禁其方在東其卦屬震東方青龍之宅也震長子位也常人之家猶忌侵犯況國家社稷之重乎蕭聖嗣未立長子之位臣庶居之尤非所宜熙寧間欲就彼建東西府曰者言其不便先帝罷之今若賜在為宅則在之宅居其東禁城居其西以尊畀言之則未順以陰陽言之則失

宜況祖宗以來所賜戚里第未有如此近者亦防微杜漸之意也伏望聖慈別賜在宅先來所賜堆垜場指揮乞行追寢

上哲宗幸金明池乞不乘船 按次升時為監察御史當紹聖二年

臣伏聞有旨今月二十日幸金明池者臣竊觀孟子之言曰吾王不遊吾何以休吾王不豫吾何以助一遊一豫為諸侯度則知天子遊幸與民同樂迺天下無事之時也今聞聖駕幸金明池有旨不過御橋是以主罷至

重社稷所繫其出入起居兢慎如此實天下之福也臣竊聞輿議所造龍船窮極工巧華麗尤甚陛下必須乘御以臣愚見乘船危乘橋安陛下尚不乘橋豈肯乘船耶雖然如此陛下若不乘船臣先事而言亦無所害萬一有之可為未然之戒臣安可以緘默傳有之曰千金之子不垂堂百金之子不倚衡聖主不乘危不徼幸又曰乘船危聖主不乘危伏願陛下念之哉取進止

上哲宗論造龍船費用

按次升行實此奏上於紹聖二年

臣伏聞金明池所造龍船費用貫萬不少肆為侈靡窮極工巧必非陛下之意也臣觀書之稱禹曰克勤於邦克儉於家以禹之德非無可稱也而所稱者勤儉而已蓋以有天下非不足於財也而必嗇於用者欲示敦樸以先天下故也恭惟陛下躬不世之資席祖宗之慶勤儉過於夏禹天下所共仰有司不能宣明陛下德意所造不乘之舟其費不貲遊幸之日天乃大風豈非愛佑陛下而使覺悟有司之過乎玆事已往雖不可救亦足

以為來者之戒伏望聖慈今後如有興造乞勅令有司無令過度庶免虧損陛下儉素之德不勝幸甚取進止

上哲宗論治道 按次升行實紹聖二年除殿中侍御史勸上取威福之柄今疏中有收威福之要句應即此疏

臣竊觀易以龍名乾以馬名坤蓋龍者能變能化不制於物者也有君之象焉故以乾名之馬者地類行而承順者也有臣之象焉故以坤名之乾剛位乎上故能制物坤柔位乎下故制於物剛柔既立而君臣之分正矣

是以古之聖王黜幽陟明惟先蔽志彰善癉惡斷出於
己賢否既辨邪正自分彼雖欲崇私黨尚朋比何緣而
致哉後世之君間或昧此主威不立權歸於下終底危
亡者以其失乾剛之道也臣試論之漢武帝外勤師旅
内耗黎元非有厚德以結民心也五十年間中外無事
特以威德歸上奸臣不敢專國命爾唐明皇初無失德
非有甚過惡也卒有播遷之禍者以李林甫專權故也
以此知主威不可不立明矣主威不立雖欲去邪而失

在於不斷雖欲任賢而失在於不果邪不去則害忠良忠良進則邪自消二者勢不兩存治亂之原實辨於此唐之開成陳夷行極言奸臣干權文宗依違不决卒陷正人此失於不斷者也漢成帝欲用劉歆斷出於不果而問王鳳鳳終止之此失於不果者也去邪既疑任賢不果權臣所以執國命同己者陰相結納寘之權要以為己助異己者則去之曽不旋踵王鳳之於漢李宗閔牛僧孺之於唐是也夫朋邪萃於朝則人事失於下人

事失於下則天變見於上近者正陽之月天多陰晦採之輿議咸謂姦臣蔽國之應也考之漢書元帝時鄭朋楊興等往來讒毀交鬬陰附是歲夏寒日青無光衆以謂陽蔽則明有所掩小人用事之兆恭顯反歸咎於更生等元帝不能察漢祚由是衰矣唐代宗初元載為相內結宦官外乃紿帝令羣臣奏事先白宰相顏真卿極論其非蓋欲尊君而畀臣故也以此推之威福之柄宜在君不宜在臣收威福之要不在乎他在乎果斷而書曰

惟克果斷乃罔後艱致治之本其在茲乎恭惟陛下德
侔天地明並日月好惡一遵於王道正邪悉判於淵衷
巍巍乎二帝三王之上漢唐之君何足為陛下陳之然
興亡之事足為鑑戒以舜之為君禹猶納言曰無若丹
朱傲愚臣區區敢效古人引此以獻狂瞽伏願陛下作
威作福念箕子之惟辟勿貳勿疑稽益伯之戒禹察言
邪正以别忠佞斥去奸回以破黨與則太平之基可指
日致矣

上哲宗奏禁中遺火 按哲宗本紀紹聖三年三月禁中屢火

臣伏聞今月十三日夜禁中遺火者竊以災異之來必有所因自古聖帝明王德雖甚盛世雖甚治必恐懼修省肅祇天戒故祖宗以來聖德可謂盛矣治具可謂修矣每遇變異常恐其不逮内則小心以求諸己外則下詔以求直言伏望聖慈追而行之上答天變下達民情倘愚者之言或有一得庶幾聖政有補萬分不勝幸甚取進止

上哲宗論敕牓當取信天下劄子 按歷代名臣奏議此係紹聖三年次升為殿中侍御史與乞罷元祐章疏奏同時

臣伏覩紹聖元年七月十九日責降呂大防等敕牓節文云至於射利之徒脅肩成市盍從申儆俾革回邪推予不忍之仁開爾自新之路除己行責降外其餘一切不問議者亦勿復言當是之時朝命初下萬口一辭懽呼鼓舞歌頌聖君含垢溥博如天包容如地不以一眚廢人此盛德之事也天下人心恬然安定近者竊見汪

浹李仲送吏部與合入差遣録黄行下縁元祐所獻文
字得罪則前件敕牓有其餘一切不問之語殆成虚文
將何以取信天下傳曰王言如絲其出如綸王言如綸
其出如綍言其已行而不可反也况夫揭牓朝堂遍牒
中外明示臣庶俾懐悛革自新之心行之未幾今乃録
下浹等得罪之由又如此臣恐虧朝廷號令之信有傷
國體伏望睿旨檢會前件勅牓宣示大臣自今已始同
共遵守庶使人無反側之心亦所以彰朝廷忠厚之意

上哲宗乞罷編元祐章疏奏

臣近奏乞宣諭大臣遵守勅牓其餘一切不問之語未見施行今聞差官編排元祐間臣寮章疏仍厚賞以告藏匿採之輿議實有未安須至再瀆天聽臣嘗讀史觀漢光武誅王郎收文書得吏人與郎交關毀謗數千章光武不省會諸將軍燒之曰令反側子自安當時以此遂定天下後世書之以為美談恭惟陛下即政之初詔令天下言事親政以來揭榜許其自新是亦光武安反

側之意令又張官置局吹毛求疵考人一言之失致於有過之地是前之詔令乃所以誤天下也後之勅榜又所以誑天下也命令如此何以取信於人乎昔成王與叔虞戲削桐葉為珪以與叔虞曰以此封若史佚請擇日立虞叔王曰吾與之戲耳史佚曰天子無戲言於是封叔虞於唐夫成王非輕其爵命也以王言惟行弗惟反爾矧今御史臺榜示朝堂進奏院遍牒天下惟恐人之不知非特戲言而已戲言尚踐而行之豈有明揭榜

示曉諭臣庶可反之乎伏望聖慈念光武安反側之言

思成王遂削桐之封所有編排章疏指揮乞行寢罷

上哲宗論内治 按宗史紹聖三年九月乙卯廢皇后孟氏為華陽教主玉清妙淨仙師次升時為殿中侍御史

臣伏覩詔書以皇后孟氏旁惑邪言陰挾媚道追從究

驗證左甚明而陛下斷以大義不牽私恩奉承兩宫慈

訓廢皇后孟氏為華陽教主降詔以告中外命下之日

士庶惶惑謂后無可廢之罪而陛下廢之咸相與為之

咨嗟彈指良可嘆也蓋以所治之獄不經有司雖聞追驗證左而事跡祕密朝臣猶不預聞士庶惶惑固無足怪臣竊謂后之廢立事體至重若臣下一言一青廢之逐之不足深恤自古推鞫獄訟皆付外庭未有宮禁自治高下付閹宦之手陛下但見案牘之具耳安知情罪之虛實萬一冤濫為天下後世譏笑臣欲乞陛下親選在庭侍從或臺諫官公正無所阿附之人專置制院別行推勘庶得實情如后之罪在所不容雖廢之人自無

言今事不經有司獄成閹宦此天下人心不能無疑也

伏望聖慈特降睿旨施行

上哲宗論選舉 按此奏上於紹聖三年次升時為侍御史與下免補試催補試等狀同時

臣竊以朝廷之事宰執得以行之臺諫得以言之上下相維彼此相制以防私徇以杜奸惑祖宗以來選任臺諫官宰執不得干預若有妨嫌必須回避所以存大公之道立太平之基也近來除授多出於大臣去取不緣

於聖選竊恐相為朋黨相為周比蔽人主之聰明為權
臣之肘腋茲事最大實繫治體國家安危之機其要在
此臣欲乞今後臺諫官若有除授罷去三省不得進擬
悉出宸衷批降指揮所貴言路得人消阿附之風開忠
讜之路不勝幸甚

上哲宗論免補試人狀

臣伏覩近降初命太學應係籍生員今年冬及來年春
補外舍者臣竊詳尚書省劄子元起請之意蓋謂元祐改

用詩賦以來不得專學經術又試補之際考校之官多
務悅衆不得精選所以再令補試今聞太學生員其間
亦有在先朝元豐間試補入學即非元祐試補之人及
有因先補試在學依條該今次免省試免解既該免舉
於條不許就試今舉更不取應指準該免恩例今若不
許免舉人免試顯是有悞生員及近日補試上舍生係
朝廷差外官考校必無濫進若一例試補外舍别無恩
例理亦未安欲乞聖慈詳酌指揮勘會元豐間補試在

學生員并今舉係上舍合該免省試之人及日近試院補中上舍生别行處分不勝幸甚取進止

上哲宗乞催補試狀

臣伏覩近降朝旨令太學生今年冬來年春並補試外舍至今未聞指揮今冬補試月日者臣訪聞太學生多是今年不係解發舉人其有久違親戚思欲歸省或者貧窶日用不足若不入學聽讀難以久居京師惟俟補試以決行止之計至今未有補試月日士人不遑寧處

伏望聖慈早賜指揮補試不勝幸甚取進止

上哲宗改正鄒浩太學博士狀 按次升行實此奏與留正言孫諤疏

同時當在紹聖三年

臣伏聞雄州防禦推官充襄州州學教授鄒浩乞通理前任大學博士月日吏部告示合作負犯體量離任近有狀乞改正者竊以浩學問該博行義修明蘇頌奇之自任宰相即除浩為太學博士當時頌議國事與同列有異言者附會權要極力擠排摺紳咸以為寃況今朝

廷公明人有抑枉宜在昭雪伏望早降指揮詳酌浩之罷太學博士事因特為改正施行取進止

上哲宗乞留正言孫諤疏

臣伏見責降左正言孫諤知廣德軍事風聞諤以論役法有過當之語以此得罪未審果是耶為復緣他事耶若不緣他事只緣役法臣竊謂朝廷復行免役之法實欲便民所繫至大其利害不止一州一縣而普及天下處之適中天下均被其利茍一失當天下均被其害而

諫官以言為職既有見聞必須上達其言儻是則當聽納其言或失亦在曲全以示朝廷之容德也臣伏覩天禧元年二月七日勑戒臺諫詔書曰雖言有失當必示曲全則知聖朝廣開言路激昂士氣不以人言失當為慮而患在人之不言也今謂若無他罪止是議役法失當推原其情蓋欲補完良法亦可矜察欲望朝廷再賜詳酌施行

上哲宗奏陜西旱乞行賑濟 按次升時為殿中侍御史應在紹聖三年

臣竊聞陝西路今夏亢旱秋收最薄物價騰湧民食頗闕緣本路州軍并監司先以秋收雨澤得時遂奏年稔今日人户闕食不敢以聞誠為未便且國以民為本民以食為天陝右之民今既闕食豈能安土弱者必散而之他路强者必嘯聚而為盜竊今邊庭未寧宿兵在境沿邊人民若有流亡外寇之敵實為可憂臣欲乞睿旨下本路勘會如人户委是闕食即行賑濟安存無令流移若本路斛㪷不足即多方擘畫轉移他路物斛應副

支用不勝幸甚取進止

上哲宗論宗景以妾為妻狀

按歷代名臣奏議曰次升時為殿中侍御史按史紹聖三年十二月辛酉宗景以立妾罔上罷開府儀同三司次升此奏應在十一月未擢左司諫時

臣風聞有旨判宗司濟陽郡王宗景妻亡立侍姬楊氏為正室者竊以宗景身居尊屬職在判宗一有動作皇族取則今若以楊氏為妻在卑者必以為尊在幼者必以為長豈惟名分紊亂不足以表儀宗室其在人情亦

有未安兼宗室嫁娶於條必須一代有官其進納伎術
工商雜類之家皆不許為親楊氏起於畀微若為正室
未審果不戾於上條乎求之禮經考之條法皆未為允
昔齊桓公霸者耳葵丘之會盟誓之戒猶曰毋以妾為
妻況明天子在上禮義法度之所自出而宗藩大臣迺
爾傳之天下書之典策其於聖朝寧不為累伏望睿旨
降赴有司考求禮法如有違戾即乞改正施行不勝幸
甚

上哲宗奏乞開陳亳溝河劄子

臣訪聞陳亳之間地勢平下溝河湮塞歲有水患損害民田今年尤甚官中蠲放税租不啻大半民又艱食為害非細若溝河開通此患可息其開河雖有所費若以逐年放免租税較之則放税之數多而開河所費少其利甚博竊聞知陳州陳紘奏乞開陳州河道及元祐間淮南轉運副使黄隱亦曾具乞開亳州五河利害申奏民間頗以為便並未聞施行臣懇朝廷特降陳紘黄隱

所奏下逐路州郡監司疾速相度如委有利便早賜指
揮開導以除民害取進止

上哲宗論牧馬

臣伏覩近降朝旨給牧地召人户情願養馬事條約雖
已詳備然元初只緣知邢州張赴同任縣堯山縣知縣
等起請指揮河北東西京東西京西北河東路提刑司
府界提舉司逐有此施行更不令轉運提刑司相度及
只是因邢州以謂置監養馬不便其餘路並依此施行

馬為國用所繫甚大措置之始宜在詳審今赴之所見
只是一州利害其他路分或有不同今朝廷不令提轉
立定條制令河北河東西五路依此施行臣切慮諸路
各有利害為是朝廷不令監司相度又是已行之命不
敢申稟兼赴既有申奏以人户請佃牧地為官養馬人
户或有不願赴以州郡之勢須令投狀則法令之始或
有不便必為民害臣聞輿議以謂牧地鄰近人户若得
膏腴之地必有願者若去牧地稍遠雖得其地難以往

彼耕種必非所願兼一頃之地所置不多馬或倒死其馬及官格尺者不下四五十緡此恐人又非所願兼牧地先是已有人承佃今不願養馬遽然奪去必致失所臣欲望朝廷明降指揮令諸路若有利害不同許令申稟州縣若抑令人户作情願投狀養馬者令監司按劾施行法行之後永久無弊

上哲宗乞罷言職狀　按次升行實哲宗親除左司諫次升力辭言職又疏中稱今年勑榜事干連俱在紹聖三年

臣伏念臣才力綿薄誤蒙先帝擢充御史陛下親政以來復還臺職區區罄竭已書二考有餘曾無補報惟有罪戾去年監試不謹上煩朝廷起獄陛下保全止從贖金今年又以勅榜事干連陛下差官劾實特與放罪仰賴聖恩粉骨難報然念臣官為御史職在繩愆立朝無補於毫忽檢身惟速於過尤若不罷去罪譴愈多伏望聖慈特賜指揮罷臣言職除一閒差遣庶安愚分不勝幸甚

上哲宗論人和　按歷代名臣奏議曰次升時為左司諫攷次升行實紹聖三年十二月擢左司諫

臣竊觀古之君臣協心戮力興事造業措天下於泰山之安者以和而已朝廷和於上則百官和於下衆賢和於朝則萬物和於野二帝三王所以昭盛德洪治道者以此故舜典曰四門穆穆納於大麓臯陶曰同寅協恭和衷哉伊尹曰惟和惟一詩曰濟濟多士文王以寧然則廟堂之上謀謨之臣不以和相濟而欲致隆平召和

氣其可得乎恭惟陛下遹追來孝修復法度圖任舊人
緝熙先烈真大有為之時左右大臣宜體至德咸懷忠
良一心以經綸天下之務紹成無疆之休則無負於陛
下之責任矣苟懷異志持異論背公向私違善依惡無
讙讙濟濟之德懷歙歙訿訿之謀以是為非以非為是
紛爭諠譁豈惟失具瞻之道實負陛下矣不獨負陛下
又將以眩惑陛下耳目雖大明遠照洞達幽微真偽是
非了然判於胸中而詢事考言之際豈能與之口舌爭

大臣如此累國非細可不察歟伏望聖慈渙發德音親
諭大臣俾懷純一之德而無背憎之心庶幾虞典九官
終共熙於帝載尹躬一德遂克享於天心迺天下之福
萬世之利也臣蒙陛下擢置言責智識淺陋區區管見
以致治之要在朝廷和而已敢獻瞽言伏望陛下少加
察焉

上哲宗奏星變 按史哲宗本紀紹聖四年九月壬子以星變避殿減膳罷秋宴詔公卿悉心修政以輔不逮求中外直言次升此奏與史合而次升行實序於紹聖二年今從史

臣觀書曰皇天無親惟德是輔詩序曰皇天親有德饗有道以此知有道德之君天必愛佑之時出變異以警戒之恭惟陛下聖德隆盛朝廷清明今有此變異者豈非天之所愛佑以此警戒乎竊聞陛下謙冲退托下詔損常膳避正殿罷秋宴求直言此盛德之舉社稷之福也然考之故事先朝有遇星變必須恩以滌幽枉臣欲乞斷自聖衷施行庶使變異自消福祥日至不勝幸甚

取進止

上哲宗因災變求直言疏按次升既奏星變此奏應在同時

臣聞易曰天垂象見吉凶聖人象之又曰觀乎天文以察時變則知古之聖王嚴恭寅畏以順承天示之以異則反身修行下責躬之詔求直言者有之册免三公者有之恭惟陛下近因星變徹常膳遠聲色罷遊宴此盛德之舉雖舜帝之惟幾文王之小心何以加諸然而責躬之詔未下無以顯聖德天下直言未求無以裨聖政

臣竊觀經史所載以災異之來必緣人事人事正於下

天意應於上書曰惟先格王正厥事蓋謂此也伏願陛下頒尺一之詔求天下直言上以昭聖明之聽納下以盡臣庶之愚忠如此則朝政闕失得達於冕旒之前人事何患乎不修則天意得天意得則災異自消矣取進止

上哲宗議役法 按此奏應在元符間篇中有紹聖初非法意不善行之未盡等語

臣恭惟神宗皇帝勵精庶政修明百度一切欲便於民而免役法乃便民之最大者也法行之後四民各安其

業而無州縣執役之勞人甚便之自後有司不能上體
德意務求役錢增羡元祐大臣得以為辭遂改差科行
之十年州縣繹騷民受其患紹聖初遂行修復但講求
利害不精斂錢往往過多支用或有未當此非法意不
善特推行之未盡耳今日正宜精研利害補完役書以
為萬世之利如聞三省大臣有持偏見欲罷免役臣竊
詳免役之法其利不止於一州一縣而所及者均於天
下若有改作其害甚博況元祐間嘗復差科其弊已見

前車可鑑豈宜容易紛更伏望聖慈獨奮神明之斷以
安社稷生靈為心以紹述神考法度為意無令妄有廢
罷以福天下取進止

上哲宗乞立限疎決疏

臣恭惟祖宗以來至仁之政敷錫庶民好生之德哀矜
庶獄方夏之暑雨冬之祁寒禁刑處有淹延繫囚困苦
故立斷絶之法熙寧間又令刑法官吏並赴中書省勒
宿立限斷案中書得案即降指揮頃刻無留人實被賜

自後因緣刑寺申請刑法官斷絶之名而實惠不及於
囹圄殊失祖宗立法之意臣欲乞睿旨令刑部及朝省
並立定日限所責繫囚不致留滯庶仁德誕敷於幽隱

上哲宗論皇城司獄疏

臣竊以掖庭之獄事干宮禁自來多用内臣專治不無
冤抑如聞皇城司今者置獄陛下至仁惻怛慮及非辜
特差外官雜治要盡至公雖虞舜好生之德無以加此
然而刑禁之下三木所加何求不得若不盡心輙有觀

望必致枉濫欲乞聖慈嚴勑推鞫之官宜加審克務令平允庶使獄成之後適輕適重各得其實罪當其情亦所以彰陛下哀矜庶獄明慎用刑之意也

上哲宗論西戎　按歷代名臣奏議曰次升時為左司諫當元符間屢有邊警應在是時

臣伏以西戎獷悍貪冒無信難以德懷易以威服先朝振武稍稍知畏元祐以來姑息過多豢養過厚今日猶敢跋扈以分畫地界為辭察其匪茹必肆猖狂出我不

意侵擾邊陲當此之時不可以無備矣以今計之五路
兵馬果足用乎城池樓櫓果修飭乎兵器果利乎糧食
有備乎運籌帷幄決勝千里之外有其帥乎被堅執鋭
冒矢石以當其鋒者有其將乎兹數者果備即以吾堂
堂之師以當蕞爾之戎猶利刃之摧枯沸湯之沃雪至
則靡矣設有未備一有衝突何以支吾此天下之至慮
社稷之深憂也書曰有備則無患記曰事豫則立今日
之事正在兹矣臣愚以為宜選有風力之士以當漕運

之任智謀勇略之帥以當方面之寄兵加訓練穀加蓄積守將之疲軟無聞者軍校之昏耄者代之無張虛數坐費軍儲兵既精鋭城壁完固彼來則拒之彼去則備之以戰必克以守必固如此則邊防無殘暴之患中國有奠枕之安此所謂先為不可勝以待敵之可勝者也

惟陛下留神天下幸甚取進止

欽定四庫全書

讜論集卷二

宋　陳次升　撰

上徽宗乞罷侍御史狀按徽宗即位詔次升知廣德軍四月復降制書除侍御史此奏在元符三年次年徽宗改元

臣伏念臣器非適用材不逮人夙蒙神考之誤知擢寘臺屬紹聖元符之間又叨言責迄無善狀終以罪廢陛下即政之初搜羅人材振拔淹滯起臣于烟瘴之鄉擢貳烏府恩德隆重不啻天地父母誓殫此身以圖報効

區區罄竭無補萬分況同時臺諫十餘員或移或罷而臣獨留言職既甚瘝官又妨賢路公議實所不容愚心豈能無愧伏望聖慈特罷臣侍御史除一閒慢差遣庶安愚分取進止

上徽宗論修神宗實録按歷代名臣奏議次升時為侍御史攷宋史當在徽宗初立未改元之時四疏同

臣訪聞前右司諫陳瓘嘗論史院修神宗實録多用王安石家日録頗失事實不聞施行者臣竊謂神宗皇帝

聰明英睿超絶古今熙寧元豐間勵精庶政更新百度
畫出宸斷而執政大臣但奉行而已如聞安石日録多
稱己善謂一時制作皆自己出矯詞託訓前無祖宗上
薄神考厚誣天下事非一端其於聖德掩蔽多矣瓘嘗
指陳數事朝野相傳皆謂得實至今不得改正兼風聞
史院先因曾布請用安石日録遂准得朝旨謂修入實
録必取旨而後用不知果有乎無耶若果有之不委史
院曾無取旨乎陛下貴為天子持萬乘之權而神考一

朝大典儻容史官任其私意紊亂事實不行究治何以
彰聖孝之至伏望聖慈早賜指揮施行

又

臣恭惟神宗皇帝在位十有九年其道德之妙不可得
而名所見于政事者特緒餘而已史傳所載豈能形容
其萬一哉訪聞史院官附會執政蔡卞用故宰相王安
石日録變亂事實熙寧元豐間聖作之善者悉歸功於
安石朝廷時政記則畧而不用前諫官陳瓘嘗具論列

陛下仁孝篤至躬親省覽灼見事實至今未聞施行近
又覩禮部關報御史臺牒云史院僅十年方修帝紀五
冊其餘並未修撰竊以史官直筆取信天下昭垂萬世
是是非非實繫褒貶若以非為是以是為非後世何觀
而又貪冒史院供給優厚遷延歲月以圖利入曾不以
修撰為意遂使君父盛美掩蔽而不揚一朝大典久稽
而不就附下罔上尊臣抑君不忠不敬莫大乎是此而
不懲何以示戒伏望聖慈明詔史院改正事實重黜史

官以正典刑庶彰神考之聖烈以昭陛下之聖孝以慰
中外之公議不勝幸甚

又

臣竊以聖人之治無以加於孝孝莫大於嚴父嚴父莫
大于顯名後世恭惟神宗皇帝功業赫顯前古無上其
所以流傳萬世者國史而已令史院官先用王安石日
録歸美安石而掩蔽神考盛德陛下躬親省覽灼見事
實已行刪改天下莫不仰陛下孝誠之至也然而史官

之罪未正朝廷失刑也今朝廷既見史官弗虔職事忽略大典僅及十年方修帝紀五冊而史官之罪又置而不問天下以謂陛下獨厚于史官不忍加罪而顯親之道未至加隆有累聖德伏望睿旨檢會臣前奏早賜施行

又

臣伏以臣任侍御史日論奏史院官修神宗皇帝國史僅及十年方修帝紀五冊其餘並未修撰乞行黜責未

見指揮竊以國家馭吏之法有司承行事件雖甚微末偶爾稽違必行糾治況一朝大典所繫國體最重安可置而不問乎令史官敢爾慢令輕視朝廷貪冒俸給優厚特有稽留遂使神宗皇帝盛德大業前後相承十有七年不獲成書自古以來修撰國史未有如此其久也今若不正其罪何以為後來之戒信書未妥何日可成伏望聖慈斷自清衷無牽大臣之私意以厭天下之公議

上徽宗論西蕃市馬按歷代名臣奏議曰建中靖國元年陳次升時為侍御史

上此

奏

臣竊以戎狄勢合則强勢分則弱强則難禦弱則易制

神宗皇帝熙寧元豐間以夏人為中國患乃優撫青唐

一族世襲封爵俾伺間隙蠹其腹心而又歲市善馬以

强兵深得禦戎之要道也其後青唐衰弱土地為强臣

之子繼立國人不附棄位為僧迹不自安窮來歸我特

一亡慝𤕤邊臣張皇招納以致种朴敗衄為國家辱所

得亡寇道路將迎甚勤朝廷恩賜甚渥費用不貲爲外夷笑已往之失不可救未來之患深可慮夫兵家制勝莫如馬步兵雖多十不當馬軍之一故自古論兵必以馬爲先焉今西戎旣叛馬不出市國家每歲所失二萬餘匹數年之後馬必甚闕萬一夏人與青唐解仇連衡入寇併力衝突其將何及訪聞今日邊將乃是前日招納之人多行庇護兾免譴責患害竝不以實聞伏乞睿旨令本路帥臣將官各具的實利害結罪保明敷奏朝

廷詳酌施行或令多方開諭許其自新依前入貢待遇如初可益强兵勢威聲遐憺夏人不敢窺邊國家之福也

上徽宗奏論常平司錢物

臣竊以國家内外府庫之財祖宗以來生之有道而財常至於有餘用之有節而財不至于虚匱是以内外財賦充足而無不給之患近年朝廷知用之而不知所以節之知出之而不知所以藏之户部不獨左曹財用空

匱而右曹亦無餘諸路不獨漕司空匱而常平司亦不足夫天下不能常無事忽有水旱盜賊常賦豈足支梧常平之積實天下根本之財神宗皇帝經畫之意深矣令天下無事而用之三五年後必甚闕乏一旦水旱盜賊將如之何伏望聖慈嚴勑宰執大臣講理財之義而常平司錢物不得輕易支費庶使府庫充實良法具存天下之福也取進止

上徽宗乞皇太妃持心喪狀

臣伏覩皇太妃訪尋所生父母聞于朝廷已行追贈訖切以皇太妃純孝之德出於天性訪求所生父母既得其實緣已亡沒追贈之禮雖足顯親而思慕之心無極若其沒故之日未嘗聞知不曾行服今既聞之亦宜發追行心喪外彰孝治之朝以風化天下書之史策盛德令名光耀萬世顧不韙與臣欲乞睿旨令有司考求典禮施行取進止

上徽宗論豫戒六事 按此奏狀之末書建中靖國元年三月上時次升除左諫

議大夫

臣器非適用材不逮人夙蒙神考之誤知擢寘臺屬逮事哲宗皇帝又叨言責迄無善狀終以罪廢陛下即位之初搜羅人材振拔淹滯起臣于烟瘴之鄉擢貳烏府令復除臣諫議臣自以天資樸拙學問迂踈辭章屢上天聽莫回拜命以來不遑夙夜思所圖報輙取古先哲王洎我祖宗之大猷作為六事一曰體道二曰稽古三曰修身四曰仁民五曰崇儉六曰用人以豫為戒欲陛

下念茲在茲使聖躬無過舉庶事無不治亦芻蕘愛君之意也謹昧死上進

體道

臣聞天道運而無所積故萬物生帝道運而無所積故天下歸聖道運而無所積故海内服不可為也不可執也無偏無黨而蕩蕩乎民莫能名是以先王揆才頒政量能授職設為宰輔以經邦國以理陰陽以制卿士以撫四夷而又使夫通世務明治體多識前言往行者繩

愆糾謬而議論之故能垂拱無為而天下治彼昏不知或獨任宰輔或偏信諍臣或當推誠為其所誤而兩棄之甚矣其惑也故書史特詳書為萬世誡者如秦之李斯趙高漢之王莽董卓唐之李林甫盧杞皆君之所獨任者至于奸佞滿前而不見大謀顛錯而不知名辱身危覆邦絶祀譬猶掩塞耳目而運股肱其可濟乎樊豐周廣之于孝安朱异之于梁武裴延齡常渠年之于德宗皆其君之所偏信者至于奪公輔之任挫宰相之威

讒慝忠良稔禍社稷譬猶芟割其股肱而任耳目其可
濟乎漢武以英雄之資即位五六年間號勝文景及其
獨任田蚡也入奏事則語移日所言皆聽養成其罪遂
致有吾亦欲除吏何不遂取武庫之怒爾後惟偏信嚴
助朱買臣吾丘壽王主父偃之徒以辯論詘辱大臣至
于交私諸侯潛蘊譖訴刼殺親王訖未嘗有得其死者
漢武之志豈以其嘗獨任宰輔者如彼偏信諍臣則又
如此故兩踈之耶由是詭誕之士奇邪之術秉隙而進

無正救者故窮奢極欲繁刑重歛内侈宫室外事四夷
信惑邪怪巡遊亡度哀痛之詔由是作矣臣聞仁宗之
御天下也民到于今稱頌盛美而不置者豈有他哉不
為不執無偏無黨如天運之無積故民心歸而海内服
也觀其用言者以罪范仲淹之黨及翻然而悟皆大用
之唐介以彈文彦博貶未幾而服其官以衆言黜歐陽
修因范鎮一言而留之機圓術妙可不務乎臣竊觀陛
下即位以來獨任宰相計行言聽莫之敢抗汲引黨與

沸騰于朝臣恐其竊弄威柄而陛下厭之以致輙改而
偏信諍臣以墮于漢武之失苟不出此若或委心腹寄
耳目于近習則禍愈亟矣可不謹哉

稽古

臣聞堯舜之道載于二典者其目雖多而總其大美皆
曰若稽古而已而傅說之戒高宗亦曰不師古訓于何
其訓詩人之頌成王亦曰日就月將學有緝熙于光明
夫帝王以一身而應萬有苟不該博古今以深究夫明

君賢臣修身治國之要駿功偉烈謀猷方畧之施與夫昏虐賊亂禍根罪首之由取是捨非執古道以御今其何以堪之哉故堯舜之所以若而順稽而考高宗之所以師成王之所以學者如斯而已矣若夫畧典墳之大道好雕蟲之小技競一韻之奇爭一字之巧者此腐儒之所為而藴德行志功名者鄙之況于帝王日有萬幾而盡心卉木之間極意于烟霞之表將焉用之隋煬帝尤善于文不欲人出已右薛道衡被誣而死則曰復能

作空梁落燕泥否王胄之誅則曰復能作庭草無人隨意緑否又曰設令朕與士夫高選亦當為天子梁武帝父子尤刻意于文學乃至陰陽卜筮騎射聲律草隸圍碁無不精妙又何補于治適足致亂耳何則既騁此以為智能矣則必恃此以驕慢天下故賢者由是解體而小人競學是以資嫵媚則向所謂智能者翻為亡身之具遺後世之憫笑者臣聞陛下潛德藩邸時則已留意翰墨矣即位以來好為詩曲以賜親幸鐫石鏤板傳播

遠近臣愚過計恐天下之人不能盡知陛下由天縱之
能不思而得肆筆而成妄以前代帝王之刓精竭慮于
雕蟲篆刻之細為比且曰天下之政未理而遊心于是
豈不為盛德玷乎又恐用小人之能是者則士風靡矣
臣願陛下痛屏浮華無用之文不使膠于心術惟一以
切磨治道聽政之餘躬閱書史取其關國家之興衰生
民之休戚成者襲之敗者改之以資益聖治之道以懋
稽古之德豈不偉歟

修身

臣聞之詩曰鶴鳴于九皐聲聞于天鼓鍾于宮聲聞于外易曰行發乎邇見乎遠蓋修身之應也如此歷觀古之創業之君與夫中興之主承乎離亂之緒其俗其民久已安于無治急之則怨緩之則偷賞之不勸刑之不變於斯時也而能肇造天命平滌九區恢廓宇宙致治之效可計日而待者豈有他哉蓋明乎人可以誠感難以戶說乃正其心以及身正其身以及國故道德由是

而明風俗由是而美也何則人君之所恃以有天下者曰天命之民歸之賢者附之耳而天親有德民懷寬仁邦無道則賢者卷而懷之是三者皆非修身莫能致不然則昭昭之鑒可以矯飾偽行而欺之乎億兆之心可以輿金輦寶而名之乎有道之士可以高爵厚禄而誘之乎非所聞也又況君者民之師表動静舉措發于中必形于外民影從矣將欲興崇禮義厚人倫而美教化者其可以言率之哉此孟子所謂君仁莫不仁君義莫

不義也是故堯之民比屋可封桀之民比屋可誅豈民
異習哉格之者異也魏武好法律而天下貴刑名魏文
慕通達而天下賤守節豈士異尚哉格之者異也此皆
前事之驗也其可忽乎仁宗嘗書無逸于邇英閣之屏
歲久而敝命王洙復書之且曰朕不欲背聖言乃置之
左取孝經天子孝治聖治廣要道四章命蔡襄書以對
於右欲使聖言時存顧眄雖以聲為律而身為度者何
以尚兹其興事造業制度遺文獨超於百王之表宜矣

臣願陛下逼追仁祖謹厥身修日新其德使百官有司相儆曰聖德如斯其可自怠巖谷之士相勉曰聖德如斯其可自棄黎民戒其子弟曰聖德如斯其忍犯上盜賊率其黨與曰聖德如斯其敢猖獗如是則成康之治可立而待也

仁民　按大典原闕仁民崇儉二篇今從歷代名臣奏議增補

臣聞天之視聽在乎民國之存亡繫于天王者之所以得天下者民歸之而天命之也所以失天下者民叛之

而天禍之也是故民歸一德天乃命湯庶民子來天乃
命周百姓弗堪天命殛桀民罔不欲喪天訖商命黔首
愁歎天亡秦祀百姓怨望天翦隋厓古人以水能覆舟
朽索御馬為戒者豈徒念民之孔艱則強者為盜賊弱
者膏草野耶誠恐人君因之不免其身而毀辱及其宗
廟困窮及其妻子也夫為人父母而生靈塗炭為人子
孫而宗廟毀辱貴為天子不能保其身以及妻子豈宜
忍哉是以盛王兢兢業業以圖治者誠以此耳惟知畏

此故惡衣菲食輕傜薄賦使民家給人足知禮義廉恥之尚舉天下而安樂之也頻年以來水旱屢作疾癘尤熾而兩河之民服役科須煩費愁苦而官司催科急於星火貪墨之吏從而誅求竊恐供者有限而取者無厭以有限供無厭天下一動變生無方此臣所以痛心疾首慄慄危懼也陛下雖屢形詔命備陳至誠惻怛憂民疾苦之意惠澤之下如置郵傳命令乃公然廢格是朝廷之恩奪于州縣可不痛哉自古所患者君澤壅而不

下達民情鬱而不上通以致君勤恤而民不懷民愁苦而君不知至於離畔危亡者踵相及也臣願陛下申勅臺諫監司常切糾察嚴刑名以杜絕之如救拯焚溺以幸社稷

崇儉

臣聞禹卑宮室惡衣服克儉于家以有天下再傳而之太康則已色荒禽荒矣及桀之身竭百姓以為傾宮而天下亡之唐明皇之初乘輿服御金銀器玩令有司銷

爕以供軍國之用其珠玉錦繡焚于前殿及其晚節窮
天下之侈不足供其慾由是觀之創業之君昭儉以示
子孫其末流猶入于溪靡始于克儉者其終猶至于驕
奢况無以啟廸後人不謹其始者哉天下習安于侈靡
久矣於今為甚貴介之族與夫兼并之家燕飲之物歌
謡之具窮奇極巧以相傾勝銷金鋪翠旬𦐂月異一領
之細至有千錢之直者此風其可長哉臣願陛下以道
德為麗仁義為華以珍玩竒貨為喪國之斧斤以珠玉

錦繡為迷心之鴆毒芟夷蘊崇之絶其根本痛自裁抑以禁之褒進朝士之約素清修者貶退其淫荒驕奢者以敦薄俗顧不美哉昔孝文惜百金不為露臺而天下衣食滋殖晉武焚雉頭裘而士敦朴素唐太宗以亡隋為鑑而公私富給夫失節之嗟愚智同惡由恥不及其羣類故勉强為之以相高耳人主儻能躬儉以率之其趣也孰禦臣聞偽蜀以珠飾溺器太祖命碎之且曰以此奉身不亡何待嗚呼聖人之慮遠矣是豈特化當時

之習使知其所尚哉

用人

臣嘗學稼于農矣凡播殖之宜耕鋤之功等則穫無或異苟陰陽之和雷風之動雨露之澤不時則與之同饑饉時則與之同豐穰由是而知天地之所以能成其大者豈非以其無私者耶是故先王法之其于用舍也能激天下之不善而使之退愧勸天下之良才而使之樂進以致治者抑亦法天地之無私故能成其大耳後世

不該不徧之主鮮克由是其于用舍之際或崇勢地而
抑寒門或任親密而棄踈遠或採虛譽而廢卑賤或悅
其才能而畧歷試或重朝廷而輕四方或皆反是而益
亂其故何也夫君子小人所出不在于世禄與側微而
言行非一事之可槩出處非一端之可見此愚智同知
也奈何立賢而有方哉以謂必出于勢地與親密耶而
膏粱子弟至有不辨菽麥而高車大馬以為民上則版
築之叟渭濵之漁何從致哉以謂必出寒門與踈遠耶

而碌碌腐儒持方尺之紙書骫骳之文以享萬鍾則伊
尹之伊陟周公之魯公何從致哉至操譽而廢卑賤悦
其才能而畧歷試內外迭為輕重是皆昏君之所為可
深戒者夫王者一視而同仁苟德義可尊無擇負販故
管仲之舉二盜穆公之用由余齊威王以左右譽而烹
阿大夫功成于當年名著于後世可謂明也已矣以舜
之聖受命之初且猶歷試諸艱況其他乎近古漢宣亦
可謂急賢之主矣而蕭望之杜延年蓋其所尤厚者或

出而治民或出而為邉吏非惟煩使之以觀人才亦所以維持四方均内外勢也其治優于文景者不其然乎夫禄一不才爵一無功未病于國而終為害者非惟其忌賢者進而害能者用也而賢能亦羞與之同羣或恥居其下此其所以為害也自古人君之于進賢也罔間親疎貴賤無有愛憎惟較其賢否耳故丁公于漢祖有活已之恩非徒不用而加誅焉唐太宗不恤秦王府官吏之怨嗟以為朕與卿輩日所衣食皆取諸民者設官

分職以為民也當擇賢而用豈以新舊為先後哉臣願
陛下稽古先王法天地之無私鑑漢祖唐宗之公正不
以布衣寒士公卿子弟惟賢是用不及私暱無所偏狥
庶幾賢者彚征以光左右建中靖國元年三月上

上徽宗論修復常平狀按徽宗立次升為御史立朝僅一年以下諸疏皆在同時

臣竊以朝廷修復常平免役坊場保甲之法實欲民便
以固邦本訪聞遠方官吏未喻旨意尚循夙昔之弊常

平反散州縣或況舊額所俵雖有增減不敢過少所請之人未必皆願或有願請之人官司不支以至免役坊場保甲亦有違戾蓋遠方不曉朝廷美意含糊推行縱知失當莫敢申禀法行之初若有窒礙便行究正則易為力已定之後雖欲改更則難為功臣伏見近者修立

先帝遣官按察之制伏望聖慈早降睿旨遣官按察宣

諭上意詢考下情講求利害以成一代良法庶使萬世無弊生靈蒙福不勝幸甚取進止

上徽宗論中都費用狀

臣竊觀易曰聖人之大寶曰位何以守位曰仁何以聚人曰財古之聖人非志于為利而樂于貨財也以謂理財之道不講則國用不足雖欲聚人守位不可得也臣聞元豐庫昔年所積財帛甚多近歲闕邉支遣殆盡榷貨務全藉賣鈔如聞賣鈔之金已是窘乏都商務近來商旅稀少歲課不登且國家外有戎狄之費内有河防之患百官之俸給軍旅之衣糧凡百用度不貲而利源

闕乏府庫空虚以至于此不可不慮伏望朝廷早賜講
求利害以通貨財以實倉庫毋使倉卒之間不足于用
以貽國患

上徽宗論洮湟州狀

臣竊以國家今日之患在于財用不足府庫空虚倉廩
匱乏諸路皆然而陝西河北尤甚去秋雖豐登而穀價
不減戎兵雖已減省而糧儲不繼方當休兵無事之時
尚乃如此萬一戎虜犯邉費用百倍將何枝梧如聞陝

西路新築城塞每歲所費不貲而湟州一年自費二百八十餘萬未委何處糧儲可以供贍有何錢物可以應副臣嘗乞措置可守可棄之策不聞如何行遣河北路黄河决溢之後民多流移甚是彫敝虜主新立如聞喜兵好殺盟誓未必可保邊庭難必無虞此二者當今之患要當深思熟講之而不可忽古人有言曰存不忘亡治不忘危然後國家可保也伏望聖慈念古人之言思今日之患勅大臣以理財賦嚴邊吏以謹守禦無使敵

人乘我之虛猖狂衝突以貽朝廷之憂不勝幸甚

上徽宗乞謁太妃園寢狀

臣恭惟皇太妃天祚淑資誕降真主以福天下澤流無窮陛下即政之初永懷欲報之德乃降詔命增修墳塋經營基構高廣丈尺無不中度園陵之制已成奉崇之誠雖至而躬行酌奠之儀不聞講求情文未備非所以稱伏望睿旨勅有司稽參典禮斟酌時宜候將來聖駕詣景靈宮恭謝畢日親往故太妃園寢行酌獻之禮庶

彰聖心之孝以風化天下取進止

上徽宗乞靈駕發引賣熟食狀

臣訪聞去歲哲宗皇帝靈駕在道沿路甚闕熟食出賣力士等人乏食饑困今大行皇太后及追尊故皇太后將來靈駕發引漸逼暑月正是飲食難存之時若所經由去處闕賣熟食力士慮有饑餓困匱難以承重伏望睿旨下開封府界及京西路預行措置多方招邀人户出賣熟食免致臨時闕誤取進止

上徽宗乞爲河西軟堰狀

臣竊聞大名府黄河西岸有金堤一道固護府城其東岸地面與水面相平常爲浸水一概淹浸民頗失業自紹聖二年人户自備糧功梢草寛留河身于東岸上自南樂元城界下接冠氏縣兼助埽築軟堰一道高闊三二尺以來若非河水暴漲之時亦可遮攔水勢一方之地數百里之民粗得爲生日近聞都水北監丞司行下毁折民不遑寧切慮水官不以民事爲意公人緣此起

動騷擾欲乞指揮下本路轉運司及本府縣官吏同北
監丞司相度如是河西軟堰委實佉小水若暴漲自然
抹過別無壅滯于金堤不能為害即與存留庶使一方
之民不至失所取進止

上徽宗乞備邊賞有功狀

臣竊聞鄜延路比之他處兵旅稍衆財用稍足朝廷又
選有謀畧習知邊事之臣以為將帥令者戎虜輙敢先
犯延安最强路分圍城破寨而去如入無人之境其他

必有輕易之心邊患恐未已也臣據之輿議以為沿邊州軍兵甲甚少財賦不足彼知我備未完罄國大舉以衆臨寡强弱不敵今既破寨而還其氣益銳而又資所得糧儲以充軍用我之邊境既失城寨士氣沮喪萬一更來撓邊何以枝梧今日不可輕視要在先事而慮伏望陛下勑左右大臣精思之熟議之早圖邊備制勝于未然慎無輕舉以貽後日之患所有今來有功及陣亡之人宜厚賞賜以勵其餘庶使邊威可振戎虜不敢干

犯

上徽宗乞修戰船狀

臣竊聞京東路青密登萊濰五州邊近大海自來逐州沿海巡檢司各有入海捕賊刀魚戰棹船因循損壞久而不修兵級亦不教習乘駕緩急瀕海賊盜竊發乘船入海及投化外之人乘船過入本朝作過則船既不完兵級又不諳會乘駕臨時無以捕逐必致誤事臣欲乞睿旨下本路轉運司勘會逐州沿海巡檢司自來應有

入海捕賊刀魚戰棹船去處其損壞令速修完依舊教閱水戰仍令監司截自去處因便廵檢庶使緩急有備亦不得緣此張皇生事取進止

上徽宗乞寛陳瓘罪狀

臣竊聞右司諫陳瓘以言事不當得罪雖不知其詳然臣伏覩天禧元年二月七日申勅臺諫官詔書云雖言有過當必示曲全令陛下訪落之初用人如不及從諫如轉圜猶恐萬幾之務不能遍察上至百辟卿士下及

庶民皆許直言無有諱忌其詔亦云言而失中朕不加
罪命下之始萬口一辭以謂正當不諱之朝且無犯顏
之慮孰不激昂勇奮願竭區區之愚以圖補報萬一况
身有官守有言責者安可緘默乎臣既以諫爲職又許
風聞論事偶有失實陛下當含容矜貸如上詔吉令遽
行重責頗駭羣聽竊慮中外傳聞人人鉗口結舌以言
爲諱忠讜之路塞壅蔽之風成矣伏望聖慈念天禧申
勑臺諫之意及陛下求言之詔特寬臣之罪責庶幾養

成士大夫敢言之氣其于聖治不為小補

欽定四庫全書

讜論集卷三　　　　宋　陳次升　撰

上皇太后論陳瓘書

月日具位臣陳次升謹齋戒裁書昧死上皇太后殿下

臣竊惟哲宗彌留之際殿下奮獨斷之明斥排異端援立真主上當天心下協人望功施社稷流於無窮皇帝嗣服之初殿下謙恭退託聖功不居皇帝勤請繼之以泣方同聽政暫濟艱難仍以祔廟為期及夫因山之塋

甫臨寧神之禮未畢又下手書先復明辟三尺之童皆
知參預國政非殿下所欲誠出於不得已也近者諫官
陳瓘風聞不審猶以預政為言皇帝重行貶降以明其
妄譎命方下改守軍壘中外相傳聖恩深厚臣下何以
圖報瓘之言雖甚不根然臣採之輿論竊謂皇帝恭行
仁孝晨省昏定之際萬幾之務慮或以聞而殿下之意
豈欲參議哉竊慮宮省執事之人或但聞其語而不知
其詳或欲張大其事而不考其實妄有傳播蓋亦未可

知也而瓘之言乃得於傳播之妄烏足為盛德之累哉
況殿下自同聽政之初以至復辟之日手書屢下至誠
勤懇昭若日月焉可誣也伏望聖慈不以瓘之言為念
而以來忠讜安社稷為心雍容禁闥粹養天和是非不
足以關其慮萬務不足以累其中日加撫育之恩以享
榮養之樂不獨保聖壽於億萬斯年而餘光流澤亦足
以為族系之慶豈不韙歟臣之狂瞽冒瀆天聽不勝戰
慄惶懼之至

上徽宗乞致齋日不作樂劄子

臣伏見今月十五日迺致齋之日其日聖駕遊幸寺觀雖曰燒香為民祈福緣歸必作樂登樓觀燈與民同樂其於昭事上帝齋莊嚴潔恐未足以盡志且如今月五日亦係祠事致齋之日御宴遂移於六日於禮為宜上元遊幸恐當如之臣之管見如此不敢緘默伏望聖慈詳酌施行取進止

上徽宗論選舉第一狀

臣恭惟神宗皇帝待大臣有禮相與以誠至於進用人材選推士類其權必常在已而不輕付與自監司以上若闕一員宰執具人才資任合充其選者數人取自聖擇若未當聖意則睿旨别行除授德音渙發三省奉行而已及寺監丞而下一切付之吏部用選格差注如有不當臺察彈治當是之時威福專在乎上差除至公人無間言寒畯之士激昂自奮得人為多自後宰執欲任自已之私專竊威福之柄若有進擬指定一名除授去

取不出聖意至於寺監丞而下州郡員闕多歸於堂除
大公至正之道罕聞私謁奔競之風寖熾攀附宰執者
有進擢之速特立自守者有留滯之歎除目一下士論
沸騰此弊不可不革也伏望聖慈紹述神考之志監司
已上差除並取聖擇寺監丞而下一切付之吏部用選
格差注如此則大公至正之道開私謁奔競之風息實
社稷無窮之福也

第二狀

臣伏覩先帝修立官制允釐百工除監司省郎府推判官大藩知州已上係朝廷選差自寺監丞而下以至州縣差除一切付之吏部又有選格次第其等差有注授優便者必以功能進而不為勢要得已授命者必可之官不為堂除易孤寒之士不附麗之人緣此皆得以自奮差除一出於至公而不緣於私狥元祐以來執政大臣欲擅國權紊亂官制自寺監丞以至主簿既出堂除吏部注授州縣員闕職位又為朝廷取闕其有已授命

之人待闕有及一二年又為堂除別差官改易甚為狼狽當是之時被命公朝拜謝私庭其職任之美者無寒門悉歸於勢要縉紳咸有不均之歎今日朝廷修復先帝政事差除尚乃因循前日之弊未足以成先帝之良法美意也伏望聖慈特除桔揮自寺監丞而下一如元豐官制之初不係堂差州縣差注朝廷更不取闕庶使功能不遺於寒微職任不移於權要

第三狀

臣近論列乞寺監丞而下除授依官制格一切付之吏部以選格差注至今不蒙施行者臣竊惟神宗皇帝立事必有法立法必有意非苟然而已經畫官制之初必先會計昔日官吏俸給所費幾何既行官制則制祿高下必以昔日為准故省郎而上出於堂除則支全俸寺監丞而下付於吏部則支折俸今寺監丞而下既係朝廷注授皆給全俸所支既多國用益匱京師財賦窘乏其亦以此侵耗之一端況立法非特如此而已蓋將以

分宰執之權摧奔競之風而使寒畯之士各得以自奮吏部員闕既當則人人無留滯之歎至公之道由是開矣今三省曾不以是為意其員闕收歸朝廷惟欲增重其權柄而已其為官擇人誠未見其實也伏望聖慈特降睿旨令寺監丞而下差注一切送吏部以存官制良法

上徽宗奏論謹名器

臣聞天下雖安有可危之理天下雖危有可安之道安

危之機不在乎他人在人主所操而已夫福威者人主所操之柄也權歸於上而不移於下此操之得其道者也得其道則安失其道則危稽之已往其迹班班可見矣如漢武帝外勤師旅内耗黎元非有厚德以結民心五十年間中外無事者特以威德歸乎上奸臣不敢專國命故也唐明皇初無失德非有甚過惡卒有播遷之禍者以李林甫專權故也夫以漢武之於唐明皇其德不甚相遠而安危如此其異者豈非在所操乎昔陳夷

行嘗對唐帝曰無以權屬人又論用人則曰茍自聖擇
無不當者誠以至治之要在此有天下者所宜先也恭
惟陛下臨御以來去太甚用中道遠聲色崇節儉進忠
良斥奸佞弛兵革寬刑罰撤無用之臺榭罷不急之工
巧蠲宿逋以恤窮民省探報以防寃濫治天下之具何
以加諸若行之不息終之不倦可謂全善矣然今日之
所急要在收還威福之柄以立主威以尊主道臣叨沐
誤恩擢於諫省輒敢引此以為龜鑑伏願陛下留神無

使大臣干權任其喜怒之私以害大公之義實天下之福也社稷無窮之休也

又

臣竊以君者制命者也臣者行君之命者也君唱之於上臣和之於下然後君臣之分正矣君唱而臣不和上行而下不隨則名分紊亂紀綱不立危亡之基實始於此箕子所以垂戒曰惟辟作福惟辟作威臣無有作福作威臣之作福作威害于而家凶于而國蓋謂是也臣

訪聞近日睿旨差除三省多方執奏肆行沮格三省欲
有進擬冀聖意之必從除目之必下倒置如此臣竊憂
之至如前給事中龔原以罪去國之日御批嘗犯贓私
每議政事遂行重責未至貶所即移壽州未幾又除待
制移知杭州前日聖語墨迹未乾今日除授如此其峻
何以示信天下又如中大夫王說年已七十有餘所至
素無善狀今乃特轉太中大夫移帥青州原等遷升未
委何名如聞皆出三省進擬不出陛下之意臣聞日者

陽也君道也君正於此則天應見於彼故日常明臣侵於君陰侵於陽則日有薄蝕之患近者太史預奏四月朔日有蝕之竊謂三省之權太盛君上命多阻而不行日蝕之應殆以此歟伏望聖慈收攬乾剛以正名分睿旨所降要在必行三省進擬或可或否悉由聖斷襲原王說除命特行改正如此則日蝕之異自消太平之基可致

又

臣竊以治天下之道在乎正名分而已名分正則君道尊而無可陵之漸臣道卑而無偪上之强苟失其正尊卑之序亂上下之分虧此不可不慎也今三省專威福之柄侵人主之權睿旨則沮格而不行進擬則堅執而必下乾剛坤柔之道未正堂陛高卑之勢未分忠臣義士夙夜以此為憂奸纎巧佞之徒乘此射利大臣之權既重賓客輻輳其門環坐其馬廐而不以為辱奴事其子弟而不以為羞良可歎也况龔原進職移守錢塘王

說轉官移守青社既係兩省從官事干大體命下之日
羣聽驚駭三尺之童皆知其非若不改正則作福作威
專在於臣陛下孤立誰肯為國者乎伏望聖慈檢會臣
前奏早賜施行以正上下之分以息奔競之風

又

臣近嘗論奏三省大臣專權威福睿旨差除則沮格而
不行三省進擬則堅執而必下上下之分未正乞收還
威福以定名分訪聞三省大臣日近肆為詭計但避專

權之名而陛下每有差除則陽為承行若非所欲則陰

諭屬官繳駁上以侵淩主道下竊弄國權朋比之風漸

成威福之柄倒置若不辨之於早則易之履霜堅冰之

患至矣伏望陛下攬乾剛之威奮神明之斷一出令則

渙而必發一除授則審而必行敢有不存名分肆為横

議者特行黜責如此則主威可立朋比之風可去宰執

專權之弊可革矣

上嶶宗奏論盜發保州倉

臣竊以北人通好百有餘年朝廷無北顧之憂邊庭弛備今遼主新立喜兵好殺人心未服國中未定萬一衝突犯我邊陲守邊之臣若非其人倉卒之際不無敗事伏聞近者保州軍粮倉為賊所發般運踰城而去其間多是兩屬人户及草場遺漏燒焚積草數萬不少雖不見賊之主名竊恐是奸細本州並不知覺守倅如此安可守邊兼慮其餘州軍守倅亦有似此不職難以任事皆宜罷去擇其勇武智略之人以代之庶可制勝於未

然銷患於未兆天下之福也伏望聖慈特賜指揮施行

取進止

上徽宗奏論强盗法第一狀

臣竊惟祖宗仁政加於天下者甚廣刑罰之重改而從輕者至多惟是强盗之法特加重蓋將禁奸宄惠良民故也行之百有餘年天下安堵近者朝廷改法以强盗計贓應絞者並增一倍贓滿不曾傷人及雖傷人而情輕者奏裁如聞法行之後民受其弊被苦之家以盗無

必死之理有可生之道往往不敢告官傍人亦不敢汝捕恐其復還别生讎害賊徒以此益逞凶頑聚集為多重法地分益甚竊恐浸淫日久養成大寇如貽國家之患伏乞睿㫖復行强盜舊法所有前件新改條法更不施行庶使良民安居取進止

第二狀

臣近論奏强盜計贓應絞者贓數並增一倍贓滿不曽傷人及雖傷人而情輕者奏裁自上條頒降之後被苦

之家以盜有可生之機無必死之理不敢告官傍人亦
不敢收捕恐有讐復賊盜由此充斥人民不得安居乞
依舊條改正竊聞朝廷於尚書刑部取索諸州軍申到
强盜大數比較未行上條已前數少即是賊盜衰息刑
罰可減遂不施行此正與臣前所論事意相反也夫有
盜必申則刑部之數多懼有報復不敢以聞則刑部之
數少今但不申不捕爾豈真少耶臣恐自此盜賊充斥
而朝廷不知也是以從官及御史臺亦嘗論列非獨臣

區區之私見也茲所繫利害甚廣臣所以再瀆天聽伏
望聖慈博詢事實特行刪改庶使盜賊知懼良民安堵
取進止

上徽宗奏論京師强盜

臣竊以京師浩穰之地人物繁夥寇盜頗多前後敗獲
官司推鞫並不仔細究治贓物惟追其一二窩家悉略
而不問習以成風恬不為怪賊徒賴窩家以有容窩家
賴賊物以為利是以盜賊益熾良民不得安居訪聞盜

賊各有地分窩家亦有主名捉事之人推鞫之吏往往
知其窟穴但素相交通不肯用心根究耳伏望聖慈嚴
勅在京官司推治賊盜必須追究贓物及窮治窩家依
法斷遣庶幾可令衰息取進止

上徽宗奏論永安縣强盜

臣聞御史中丞趙挺之奏河南府永安縣賊盜事見下

本路體究者臣竊惟賊盜之害良民猶稂莠之害禾稼
國家嚴賊盜之法重告捕之賞正謂是也今永安縣陵

寢側近賊盜公行殺人無忌州縣縱弛而不問監司忽略而不察尸首暴露道路喧傳挺之論奏朝廷雖已行下本路體究詰實然監司州縣失職不糾在法自當有罪若更匿情隱避不以實聞則殺人强盜無由敗獲慢法官吏無以懲戒日益以甚為害豈細臣欲乞特降睿旨候本路體究到事狀如與挺之所奏不同即送御史臺與大理寺根究事實重與施行庶幾朝廷之法不廢死者之冤可伸取進止

上徽宗奏論陝西羣盜

臣竊聞陝西諸路羣盜嘯聚始纔一二百人今已五六百人未聞官司掀護況陝西兵民素甚强悍於戰鬬若不早行撲滅本路災傷竊恐流移之人復羣而為盜其勢必熾向秋已去餘黨若存西戎乘此之時必來作禍外有寇敵之虞内有羣盜之擾為害非細兼聞羣盜多是逃軍葢因近來築寨淺攻偶失主將兵士懼罪不敢歸營是以流而為盜伏望睿旨特下本路監司安撫

司體量上項軍賊若非怯敵不殺其主將偶然失利之
人特與招降或情不可恕則乞嚴命捕盜官司緊行收
捕早令盡淨取進止

上徽宗乞罷修興德院狀

臣伏聞興德院見行修蓋者竊以陰陽之書昭示吉凶
以前民用休徵則吉從之咎徵則凶從之古之聖王凡
有營造必即休而避咎捨凶而從吉所以措天下於萬
世之安本朝治平熙寧間欲於英廟潛邸修蓋禪院日

者以其位宅壬方於國音有所不便遂行寢罷元祐紹
聖亦復如之況今不止於國音不利而已或聞陛下本
命亦有相妨豈宜大修土工廣有建造夫陰陽所忌常
人之家猶且避之陛下貴為天子宗社生靈之所托安
得忽而不忌之乎伏望聖慈審察休咎特罷興德禪院
修造以順陰陽之理以為國家無窮之福取進止

奏彈錢遹第一狀

臣伏聞御史中丞豐稷彈劾新除殿中侍御史錢遹頃

常假曾肇之名為豪户撰墓誌又假肇書受豪户金為
潤筆臣未敢以為有亦未敢以為無今肇見任翰林學
士可究其實若果無耶亦足與通辯明若果有之顯詐
欺取人財物況國家御史之道惟贓為最重一犯於此
則為終身之累詐欺取財在律准盜焉有盜詐之人可
任天子耳目之官乎臣欲乞睿旨付外施行取進止

第二狀

臣近奏新除殿中侍御史錢遹假曾肇名為豪户作墓

誌又假肇書受豪户金事今月初四日親奉德音謂假肇名為父撰墓誌者臣竊謂御史之職以糾察官邪為已任惟忠實不欺然後能以是為是以非為非而無負陛下之任使令錢遹父之亡也事之當如其存遹乃請於肇而假肇之名為父撰墓誌是謂有欺於父矣又假肇受金之書以播於外是有欺於親戚鄉黨矣所存如此其人可知為父撰銘初無利害尚任欺詐而論列朝廷之事利害有大於此者能保其勿欺乎伏望聖慈特

罷遹之除命以警詐妄取進止

第三狀

臣近彈殿中侍御史錢遹欺詐乞罷除命不蒙俞允者竊念臣知遹之欺詐而不言之罪也知而言之果實不誣朝廷當罷遹而行臣言若以臣之言為不可用臣安可更當言責況遹今既同臺顯是難以共事伏望聖慈特罷臣之臺職除一閒慢差遣庶安愚分取進止

奏彈曾布

臣竊以正而不橈乃可以任天下之重公而不私然後
服天下之心茍為反是昌副具瞻伏見右僕射曽布性
稟奸邪心懐凶險頃居樞府阿順宰相進用非人大開
邊隙費財用如糞壤輕人命如草芥今獨歸罪章惇未
知布之所職何事玉毁櫝中則誰之過陛下矜容曲貸
仍有進擢荷天地不貲之恩臣子之心義當何如而布
不圖補報惟務狥私自登宰席獨專國權輕視同寮威
福由已進拔親故羅列京局以為耳目任用門人寘之

臺諫以為腹心不以人材為國用惟以爵賞為私恩所親
者進所疎者退愛之者則留京師惡之者則令補外書
疾比德詩刺不平其布之謂乎布既以此自任其子弟
亦甚招權交通賓客其門如市且附枝既大必賊本心
私室既盛必危公室古人以為戒陛下其可不念之乎
布在紹聖初實與蔡卞交結遂申請乞用王安石日録
修神宗皇帝國史致史官觀望變亂事實多譽安石之
善掩蔽神考之美近者諫官論列陛下已令看詳涇涉

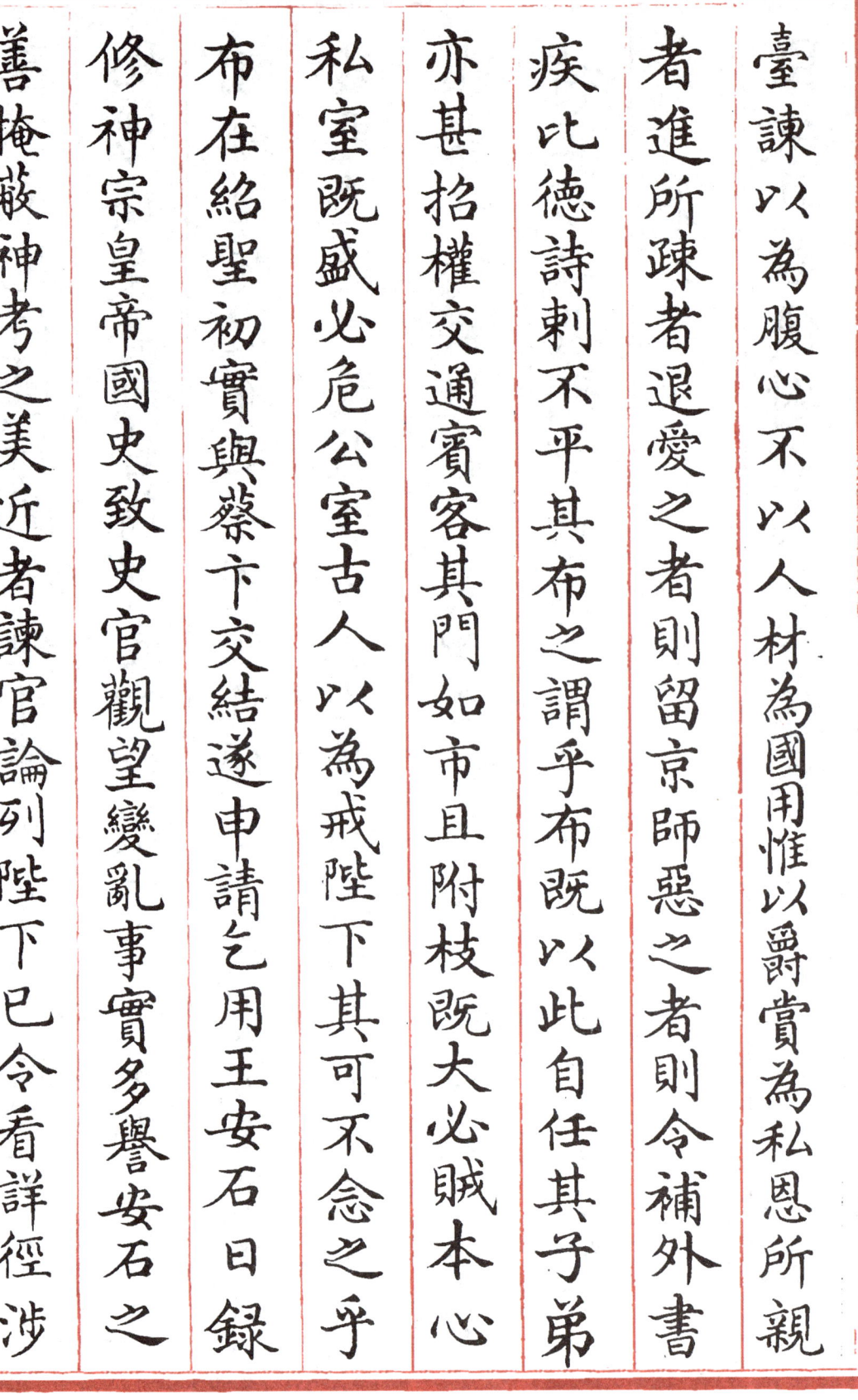

春冬未見行遣訪聞布欲自掩其過又欲為史官之地
恐甥婿葉濤例皆得罪是以稽緩未肯進呈專權如此
頗駭羣聽況布之登用方且彌月凶威氣燄薰炙中外
若更遷延日久盤根固基必貽國患其將奈何易著履
霜堅冰詩戒桃蟲維鳥辨之於早正在今日伏望聖慈
特正布之典刑以謝天下以為社稷無窮之計取進止

第二

臣伏見右僕射曾布奸凶擅國臣已具前疏退而思之

專輒移易臺諫官一事頗為寒心夙夜不遑須至再瀆天聽竊以御史中丞諫議大夫天子耳目之官朝廷委寄之權最為親切選任除授繫國重輕祖宗以來每有差除執政不得干預豈敢專擅進退之者乎況君者制命者也臣者行君之命者也君唱臣和則名分乃正臣强上陵則主威不立令布之所忌則移之布之所親則用之去取惟已不出聖意進彼退此易於反掌作福作威莫大乎是尚賴祖廟之威靈陛下之神聖照見底裏

比因人言即行改命而布猶偃然當國不愧乎人揚揚自若曾匪引咎豈惟不足以儀刑百辟表正四方而凶悍之心已明跋扈之萌可見今日不圖於始異日難制其終國家安危之基實在此舉伏望聖慈斷而行之特正布罪以儆有位天下之幸取進止

第三

臣竊以朝廷之上萬幾之務其所主行者在乎宰相茍有失當臺諫官得以論列若容宰相選任門下親昵之

人碁布言職陰相附會則忠讜之論塞壅蔽之風成矣
伏見右僕射曾布近薦引門人王覿為御史中丞賈易
為右諫議大夫張庭堅為右正言除張庭堅已行罷去
而王覿賈易尚握言路重權若陰相結納肆為朋黨陛
下孤立誰與為助若有不公誰敢擬議兼修國史宰相
係史院長官必須相見如有交通何所不至況臺諫官
不得與執政官相見有著令祖宗之法安可不守伏望
聖慈特賜施行取進止

第四

臣伏見曾布自登揆路首罷豐稷御史中丞引用門人
王覿為代遂致人言有瀆天聽今雖改命又遷翰林學
士採士議僉曰未宜以謂豐稷陛下之所任在職累月
忠言讜論屢聞入告布則忌之遂改權工部尚書覿乃
布之引用在職彌句未聞補報今因人言則有内相之
命除授若此是陛下之所任者恩數則薄布之引用者
恩數加厚夫爵天下之公器人主之操柄其厚薄顛倒

如是何以厭服人心伏望聖慈追改覿之除命別有所
授以副朝望取進止

第五

臣近論列王覿任御史中丞方彌浹旬除龍圖閣學士
兼侍講會肇合依例補郡不蒙施行者竊以宰相總萬
幾之務操威福之柄其任甚崇其權甚重若任其至親
與夫所善之人寘之重地相為表裏則强盛不已必至
於陵上故聖人作易於坤之初則曰履霜於上則曰龍

戰所以防微杜漸垂戒於萬世者其以此而已今覿乃
右僕射曾布之所善者也雖罷御史中丞猶居翰林肇
乃布之至親者也雖罷翰林學士猶侍經幄名為改除
亦甚要近況覿為中司未久不宜有此升遷肇之補郡
自有舊例儻不施行豈得為允兼覿等以非其當據各
具辭免如因所請特賜詔可不惟有以彰陛下優異之
恩又足以分宰臣比朋之勢一舉兩得頗協大公伏望
聖慈檢會臣前奏早賜指揮取進止

第六

臣伏見右僕射曾布近充欽聖憲肅皇后欽慈皇后山園陵使回引進屬官蒙等第除授訖臣竊惟祖宗以來山園陵使引薦屬官雖有故事合行推恩未有賢與不肖並進職任如此其衆者臣之所不知也況今祔廟方彌浹旬一日之間除目並下物論喧騰以謂陛下每有特差除三省或沮難而不行今布之所薦三省除授甚速是宰相之權有過於陛下矣若以所薦人材資任言

之其間亦有可以進擢者然非聖擇恩獨歸於權臣之門奔競之徒益行阿附此不可不慮也兼遺忘欽聖虞主事御史臺見行推治山園陵使司屬官既是分董一行事務其間慮有干涉若候獄具然後推賞亦未晚也伏望聖慈特賜指揮所有新除且行寢罷候御史臺獄具日檢詳故例比類施行庶允公議取進止

第七

臣竊以避親之法著於甲令有官守者悉皆遵稟而況

貴近臣乎今曾布曾肇乃親兄弟也布為右僕射肇為
翰林學士不行迴避豈得為允蓋宰相任天下之重握
威福之柄而行命令者也翰林學士職親地近朝廷命
令皆所自出苟不中度理當執議捨親而議之則傷私
恩以親而不言則害公議祖宗所以立避親之法蓋謂
此也陛下方當持盈守成之時宜守而勿失以為太平
基業社稷無疆之福也伏望聖慈特令迴避以遵祖宗
之法取進止

第八

臣伏覩曾布秉鈞當國其弟肇又居翰苑委有親嫌在法宜避近因人言肇已罷職而猶進讀經幄兼修國史縉紳之論亦未愈允謂如富弼韓絳為相弼之壻馮京絳之弟韓維以親引嫌悉補外郡此祖宗之故事朝廷之近例今日正宜守之不可以廢而肇猶居要職日侍清光豈得為允伏望聖慈特令補外以存典故以別嫌疑不勝幸甚取進止

第九

臣竊以宰執大臣一有動作百辟之儀刑四方之表則行法必自其始然後能服天下之心苟不奉法豈能迯天下之擬議哉伏見右僕射曾布用恩例陳乞下文闕兼元符令已是不許陳乞奏辟吏部明知其不可而畏憚布之權勢輒引紹聖勅條又引元豐間呂希述例申取朝廷指揮況元符著令既在紹聖之後前勅自是更改不行而希述又只是勾當儀鸞司即非刑獄職事豈

可用以為例吏部既是狥情曲法三省又雷同不敢詰何表裏相助一如其請朝廷之上法度不守紀綱不正而欲天下之治其可得乎伏望聖慈特賜改正施行以存法守以清刑獄以示大公不勝幸甚取進止

奏彈鄧洵武

臣伏聞秘書少監鄧洵武除同修正史輿議未允者竊以王言如絲其出如綸王言如綸其出如綍言命令一出不可反也洵武前日史院留之朝廷謂其不可遂行

寢罷今又有此差除衆議籍籍以謂命令反覆如此何
以明是非别賢愚而取信於天下乎况洵武父綰昔爲
御史中丞專事奸佞求媚大臣爲安石求賜第薦安石
子雱及其婿蔡卞館職神宗皇帝察見底裏親批聖語
操心頗僻賦性奸回論事薦人不循分守今洵武修史
豈能公心直筆以發揮神考之盛德而不能掩其父之
惡乎兼洵武學問荒唐衆所共知前日蔡卞報綰之私
恩及欲褒飾妻父安石之美故置洵武於史院以備檢

討士人莫不揩笑今令同修正史尤非所宜伏望聖慈
斷自宸衷特賜寢罷以允公議

又

臣近彈奏秘書少監鄧洵武不可同修神宗皇帝正史
不蒙施行須至再瀆天聽竊以史官直筆取信萬世祖
宗以來尤為慎重咸平初修太宗皇帝實録錢若水主
其事薦起居舍人李宗諤等數人充史官真宗皇帝揩
宗諤曰自太平興國以後皆眆在中書日事史策本憑

直筆儻子為父隱何以傳信於後代乎除宗諤不許餘悉可之且宗諤文學才名顯於一時議論堅正信於朝廷真宗皇帝以此尚不授之史官而洵武人材凡下詞筆繆陋不可比擬宗諤一二昉亦當時名相非若鄧綰之奸佞兼綰自為御史知雜以至御史中丞凡六七年論事不少頗僻為多洵武豈不為父隱乎何以取信天下後世前日既已罷之今日又有此差除公議實為未允伏望聖慈以國史為念特賜追寢除命無使小臣得

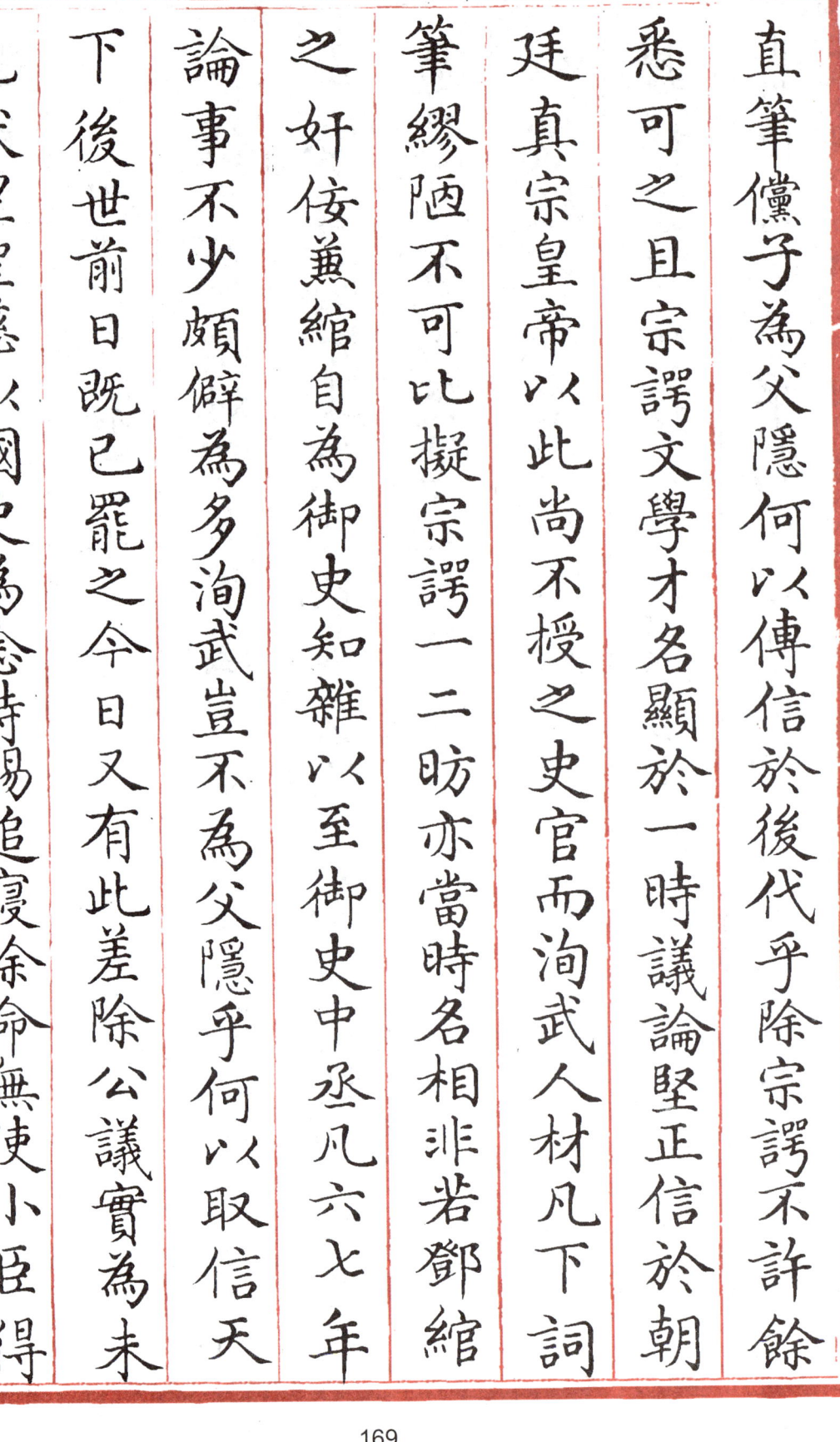

逞其私

彈蔡京第一狀

臣伏見蔡京奸邪凶險陰害善良呼吸羣小交通內外

臣寮章疏累上朝廷已罷京翰林承旨輿議以謂京之

過惡甚多而交結近習之罪最大安可以赦令猶寵之

以端殿之職委之以帥府之權顯是失刑須至彈奏者

謹按京職居翰長身為從官委蛇經幄日侍清光可謂

貴臣矣而乃卑躬屈已親昵閹宦或以貨財相結或以

書劄往來汚辱縉紳清議所鄙京揚揚然有自得之色

原其設心豈徒然哉實欲令其伺陛下之起居漏宫禁

之事而又使之周旋庇蓋前日與章惇蔡卞相濟之惡

虚稱其美以僥倖進用陛下既察見底裏議罪如彼其

輕何足以厭天下之公議況宫禁之中自古以來漏泄

之法極為嚴密所以防奸人之窺伺慮患生於不測今

京交通如此禁中之事必無不知茍有奸謀何所為而

不可思患豫防古人所戒伏望聖慈察京之罪重行貶

黜以警官邪以清宮禁以為國家社稷之福不勝幸甚

第二狀

臣伏見新除端明殿學士知永興軍蔡京凶邪肆害罪狀著聞中外交通蹤跡可驗言章屢上天鑒難逃宜鳴鼓而顯攻彰大佞之已辯陛下特優禁從未即譴訶畀之以端殿之華付之以帥權之重詔命初下物論尤喧謂奸惡之免誅有典刑而何賴臣聞斯議嘗具奏彈今已彌旬未蒙顯責如聞京尚懷偃蹇不體恩私慢君命

而弗處丐祠宮而自若肆行忿忮愚弄朝廷如此可容
孰不可忍伏望聖慈檢會臣僚前後章疏付外重行黜
責以副朝望

第三狀

臣惟哲宗皇帝仁民愛物出於天性紹聖以來垂拱仰
成責任宰執是時降授中大夫行少府監分司南京蔡
卞備位政府陰肆奸謀造朝奏對専務殘忍殺害巧計
既行凶焰日熾竊弄賞罰私報恩讐人有譽其妻父之

美者極力主張寘之顯要有議其妻父之短者指為誹
謗宗廟置之深罪其所進用若非妻黨之小人即是門
下之奸吏更唱迭和相倚為重造作事端屢成寃獄看
詳理訴編類章疏洗垢索瑕中傷士類或輕或重皆出
已意或投之遠方或陷之深僻毒流天下實不忍聞其
事主行雖在章惇卞實啓之時人目之為笑面夜叉天
下之所共知也陛下入承大統判别忠邪灼見奸凶率
先棄逐近雖責降未厭人心咸謂卞之過惡實與惇等

置散投荒尚為寛典今猶分務仍居善地何以懲奸伏
望聖慈重行竄責以謝天下

欽定四庫全書

讜論集卷四

宋　陳次升　撰

奏彈呂希哲第一

臣近彈奏新除秘書少監呂希哲係宰臣韓忠彦之親方離謫籍進任太峻未蒙施行者竊以蘭臺秘省所以待天下之儒士為之貳者未易其人每有除授必學問資任可充其選者而後人無得而議今希哲碌碌常材文學無取蔭補入仕元祐間呂大防與其父呂公著相

結甚厚大防當國引希哲寘在經帷擢為省郎當是之時清議不與自後希哲既以罪斥因縁大赦方行牽復除郡未幾今又有此差除何也若以人材資任言之顯屬不當若以宰臣之親言之豈盡至公之道哉夫爵禄者人主之操柄宰臣得以私其所親人心其能厭服多士何以激勸伏望聖慈特賜改正施行取進止

第二

臣近論奏吕希哲係左僕射韓忠彥之親除秘書少監

太峻未見施行竊以名器不可假人爵賞所以養德除授至公則人無間言若阿所好則人心不服今希哲既乏才能（原本闕四字）蔭補入官所至無善狀論其才能學問不可任秘省論其方起謫籍亦未宜有此峻遷若論其宰相姻親則又不可如此速進除目既下士論喧騰臣不敢畏避遂具彈奏朝廷不為施行必是進擬之際三省以忠彥之親堅執不回依阿曲狥遂使陛下官爵不得盡至公以待天下之賢而忠彥獨得私其所親上下

之分漸虧威福之柄倒置宰臣如此國家何賴伏乞睿
斷特降指揮取進止

奏彈王古呂希哲

臣訪聞近日三省大臣竊弄賞罰之柄專威福之權不
推至公為朝廷擇人乃私所親不顧公議王古乃右僕射
曾布右丞范純禮之親也起自貶所即除户部侍郎曾
未數日又除尚書人言不已方令補外呂希哲乃左僕
射韓忠彥之親也方離謫籍即除秘書少監進任太峻

職位又崇如聞除授皆非陛下之意出於大臣進擬以私其所親朝廷如此公道安在人言籍籍甚可畏也伏望聖慈獨奮朝綱斷自宸衷特賜施行仍令今後如係宰執之親委是人材資任合行遷擢並取聖選大臣不得干預以明君臣之分以存至公之道取進止

奏彈李祥

臣近訪聞三省大臣差除多私其親已開具一二奏陳仍乞今後宰執親戚若是人材資任委實可用並自聖

選大臣不得干預未見作何行遣於今月二十九日本
省准吏部牒朝奉大夫太學博士李祥除太常博士須
至論列者竊以爵賞天下之公器也當與寒畯共之而
後人無間言近日朝廷差除士大夫必相謂曰某人某
執政之親也某人某執政之舊也人言如此亦甚可畏
令祥乃門下侍郎李清臣之子也又有此除授未委出
於聖選耶出於三省進擬耶若出於聖選則可若出於
進擬豈能盡至公者乎伏望聖慈詳酌施行無使美官

要職皆為權要所得而寒畯之士抑鬱不伸天下幸甚

取進止

奏彈呂希哲李祥

臣竊以天子居九重之深不出户而天下治者以宰執為之腹心以臺諫為之耳目以相維持以相補助二者并用而不可以偏廢然後朝廷正而萬事理如以腹心之臣為可托耳目之官為可輕臣恐天下之士壅於上聞而天子孤立矣此不可不察也臣今論列呂希哲除

秘書少監李祥除太常博士未允公議不蒙施行臣竊惟執政之親人材資任委有可用若出睿選猶當引嫌況呂希哲進任太速李祥除授太頻既是大臣之親止緣三省進擬未盡至公清議難屈臣具論列朝廷不為施行必以臣言為非臣不當更居言職若以臣尚可備員諫省亦當行臣之言豈可忽而不用伏望聖慈主張言路以廣耳目之聰明收還威柄無使宰執之專權其呂希哲李祥等差除乞檢會臣前奏早賜指揮寢罷取

進止

奏彈劉涇

臣伏覩新除朝散郎劉涇知真州採之公議僉曰未愜竊以儀真劇郡最處要衝朝廷每除守臣必須慎選未嘗輕授又將以為進用之階也今涇賦性貪汚臨事狂率頃知處州任情不法殘民害物取贓入已幾至千緡察訪司按發罪狀明甚偶緣大赦遂獲原免今日有此差除顯是未允況選用人材實係國體若用貪汚不法

之吏何以砥礪多士伏望聖慈特罷涇之除命以清郡

政取進止

奏彈賈種民

臣伏覩賈種民新除直龍圖閣陝西路都轉運使公議

未愈謹按種民天資險刻禀性奸佞元祐間守楚厚結

章惇惇登宰府夤緣進擢若有過差周旋庇覆無敢誰

何訪聞種民自領清汴職事所辟官四十餘員所起夫

兵有至百萬官中累年所積稍瀓兩岸所植榆柳斫伐

殆盡官司錢糧所支不知其幾何增築狹水堰月河但為舟船之害並無分毫之利朝廷灼見事實狹水堰遂行毀拆重複勞民虛耗國用不可勝紀月河尚存而無用今聞不住移文修葺及造天漢等橋費用不貲一出種民私意收支錢物漫不鉤考費用既無名錢物恐難繼又輒行下州縣自清汴以來十二月河水通行客旅往還沿路稅務收到稅額錢數並令撥還清汴司州縣苦之且商賈射利相時而動河若不閉則後期而往河

若閉口則先期而行十二月稅錢自合通計一年稅額入轉運司應副國家支用清汴司豈得私有未委所撥稅錢有無朝旨施行若無朝旨尤為可駭兼聞元豐間修河置洛礎口以緩水勢種民廢而不修是致河水為患又支洛口官錢糴買平準務石炭今年洛口物料尚未計置近者修閉洛口如聞所築堰基址不實河水下流洛河之患恐未已也兼所領在京茶場差官出外計置茶貨客人長引茶並將收買額害沿路稅額茶場所

收之息未見實數錢物多寡未嘗會計兼洛口沿汴河之兵士任意差使或用修橋或在茶場充役河上闕人萬一水勢衝突恐失隄防為患豈細種民恣橫違法畧無忌憚置之深罪孰曰不宜今乃授之清職付以重權清議未允況陝西用兵之後災傷之餘宜得忠厚有風力使者賑恤罷民經制邦儲而種民險刻有餘制事無術總領是職民何堪命伏望聖慈特罷種民直龍圖閣陝西都運使仍付有司根磨洛口及清汴司茶場等處

錢物務要的確歸著諸路茶引所收税錢見虧若干却將茶場所收之息除諸色官員公人等磨費外實收淨利幾何無使誕慢及根究違法事件一就施行以警背公奸險之吏取進止

奏彈梁子美

臣訪聞開封府界提點梁子美天資險刻善於交納家有三女隨勢炎涼以結婣好頃緣章惇之親擢使湖外承順惇卞旨意紹聖間謫官在所部者均被苦虐陛下

即政之初是時與子美同惡之人如張景温董必輩已蒙罷黜送歸吏部子美獨得幸免又除府界提點士論扼腕近除省郎中書舍人鄒浩繳駁特行寢罷人以為當尚任府界提點人心未厭曾未彌月又有此差除頗駭羣聽前日之罷省郎必以浩之言為是今日又除京西運副必以前日罷省郎為非朝廷除授如此何以信服天下若謂京西路監司近緣應副欽聖欽慈二皇太后山園陵事皆得進擢子美亦有此除授臣竊惑焉京

西路應奉二皇太后興造園寢凡百所須皆本路出備而府界只是備辦自京以至中年宿頓而已非京西之比也況監司專一路威福豈宜輕授如向者哲宗皇帝太昇轝陷於泥中京西監司例皆得罪而王博聞擢為光禄少卿王詔知路州鄧棐獨降遠小處知軍其除授不必同葢因人材而進退之也令予美人品豈宜奉使要部伏望聖慈特罷予美新除仍正昔日湖外之罪無使善交結者得施其巧取進止

奏彈范純禮

臣竊觀易以乾況君以坤況臣乾天也正位乎上坤地也正位乎下尊卑之勢既分則乾坤之位定矣上下之分既正則君臣之道明矣是以勢位不可陵名分不可犯慼君之路馬芻者有誅齒君之路馬者有誅況君父之名天下之所共諱其可稱道之乎訪聞尚書右丞范純禮近准朝命押北使筵燕賓主語言輒再及御名頗虧臣節甚累國體遂使中國禮義之邦為人臣者失尊

君之道取笑邊陲其為辱命莫甚於此若純禮故犯顯屬不臣設或有悞則是昏耄大臣如此安可叅預機務臨蒞百官伏望聖慈特行黜責以明君臣之分無使外夷輕視中國取進止

奏彈宗粹

臣竊以大宗正丞雖係佐官而宗司之事實頼其主行訪聞前判宗粹志在貪汚罔循法守丞官程元佐檀宗益每有執議不務曲狥視之如仇遂具論訟所訟之事

夾帶前官任内職事張大事勢期於中傷朝廷緣此並罷職任而元佐宗益又有衝替指揮輿議以謂宗粹因公事請囑受贓不輕既以赦原更不議罪贓又不没仲御别無贓私止有理曲公罪亦一例罷職已是輕重不當而丞官理曲最少又在大赦前罷任既均仍更衝替顯是偏重以元佐宗益言之固無足惜所可惜者宗司之職事耳竊慮自今已始丞官畏憚判官遇事不敢復議宗室之間究枉無訴有累聖治欲乞睿旨委官取索

所斷公案看詳分别元佐等在任内理曲事件情與宗
粹等所犯比較輕重如委是理曲事少仍更情輕於大赦
合行原免除罷任外所有特旨衝替取自朝廷詳酌指
揮取進止

小帖

檢會元符元年五月六日勅節文命官犯贓罪至流私
罪至死檢降特旨其餘情理不至大叚凶惡者不得檢
擬伏乞照會

奏彈陳祐

臣伏聞新除右正言陳祐與中書侍郎許將有親嫌乞避免不蒙俞允者竊以朝廷之事行之乎宰執差除或有未當法度或有未安臺諫皆得論列以聞若以親而不言則負國捨親而言之則傷恩故祖宗以來每除臺諫官若係執政之親不以有無服紀並不除授將以防微杜漸為萬世之法也今若不許祐之避免此例一開異日緣執政之親而除授臺諫者舉以此為例恐臺諫

官親附執政而蔽陛下之聰明伏望聖慈特許祐之避
免以全祖宗之良法以慰萬世之遠慮不勝幸甚取進
止

奏彈内侍裴彦臣第一

臣竊惟人之無禮於君者臣子惡之如鷹鸇之逐鳥雀
况身居言責豈可默乎臣訪聞今月十三日御藥閤守
懃在御前呈進文字内臣裴彦臣對君上用手敲守懃
幞頭高聲道莫錯斬人莫錯斬人顯是不敬無人臣之

禮罪不可赦安可置而莫問陛下縱不以身之安危為念其如社稷何其如天下何其如公議何昔漢唐之間閹官秉國柄制國命者其始於陵慢其終至於跋扈而不可制今日彥臣悖悍如此豈可忽之而不慮後日之患乎伏望聖慈特出睿斷明正典刑以為宫禁之戒取

進止

第二

臣伏見本臺今月十四日據御藥閣守懃狀論内臣裴

彥臣對君上高聲等事已具申奏乞行根治未聞施行者切以宮殿之事理當恭肅敢有聲徹御所者在法不容況對君上高聲肆忿而無人臣之禮者乎夫人主之尊如堂堂高則難攀卑則易陵彥臣果於陛下之前如守懃所陳顯屬不敬而有陵上之心若不明正典刑以懲其惡益無畏憚何所為而不可易曰履霜堅氷至蓋言漸也詩曰肇允彼桃蟲拚飛維鳥言事起於至微儻不防閑及其成也終至於不可制陛下當以古人之言

為戒社稷之重為念除惡於未萌消患於未然毋使滋
蔓以至於難圖後悔無及矣伏望聖慈特降守懃狀詞
付有司考究虛實因依施行取進止

第三

臣伏見內臣裴彥臣近者對陛下喧爭無人臣之禮原
其罪犯宜有顯戮陛下至仁天覆不忍加誅止追五官
勒停送峽州羈管物議尚謂失之太輕今尚在途未達
貶所又有放令逐便指揮頗駭羣聽況除奸去惡在於

必果朝命既下要在必行令彦臣陵慢無禮罪宜用誅
方行竄逐又令逐便反覆如此何以示信伏望聖慈且
依元降指揮羈管彦臣庶彰命令之必信亦所以彈壓
姦凶取進止

第四

臣先彈奏裴彦臣羈管峽州未到貶所放令逐便事未
蒙施行本臺令准尚書刑部牒羈管在外内侍裴彦臣
近因皇太后服藥德音放令逐便檢會紹聖三年秋頒

令節文諸赦書許移編管羈管人在京委所屬開封府
步軍司在外委諸州當職官自赦書到後除元係命官
奏裁外餘並取索犯由依條移放竊惟國家法令所以
示信於天下元符三年十二月十六日德音即無許移
放編管羈管人之文乃引用放令彥臣遂便未應上條
何以示信況彥臣對君父悖悍無禮涉大不敬情犯深
重不可以恕尚未到貶所豈宜釋放兼臣先論奏彥臣
之子裴誼不可令給事內庭如未施行亦乞一就發遣

出外伏望聖慈檢會臣前奏早降指揮取進止

奏彈内侍裴誼第一

臣伏見内臣裴彦臣肆其凶悍輕侮君父已行竄逐輿論欣快然彦臣之子裴誼隷籍内庭給事宫殿不無念親之心又有疑忌之迹慮懐陰謀妄有交搆防微杜漸宜在早辨伏望聖慈特令裴誼補外以消姦慝天下幸甚取進止

第二

臣近奏乞令內臣裴彥臣之子裴譓補外未蒙施行竊以亂起於未行禍生於所忽古之聖主方其甚盛之時安不忘危存不忘亡治不忘亂深思遠慮救於未然之前以為無窮之計也今彥臣既以罪逐裴譓寧無忌心思患預防正在今日除惡務本不可以緩伏望聖慈早賜指揮發遣裴譓補外以肅禁衛取進止

奏彈內侍張琳第一狀

臣訪聞皇帝皇太后同聽政之日召元祐皇后還禁中

復名號元符皇后憂懼心不自安内臣張琳側聞二聖
有並后之議肆為狡計以欺元符皇后謂其致力佑助
遂得不廢多受金珠臣寮常具彈奏未蒙施行者竊以
宫禁之中事無大小陛下日夕所聞琳猶敢公行詐欺
取受財物畧無忌憚况其他私乎此而不懲何以示戒
伏望聖慈檢會臣寮所上章疏審其事實早賜施行以
警來者取進止

第二

臣竊以罪同而罰均則人無間言罪同而罰異則天下之心豈能厭服哉伏見內臣張琳與馮說共受元符皇后金珠事狀明白所犯既同得罪宜一說已蒙罪責出守祠宮琳猶握要權出入禁闥如故公議不與人心未厭以謂朝廷法令特為琳屈何以信服天下伏望聖慈正琳之罪以示至公取進止

第三

臣近訪聞臣寮論列內臣張琳受元符皇后金珠事奏

乞施行未蒙賜可者竊以欺詐准盜具載著令宫殿之
中盜罪加嚴今琳敢爾顯無忌憚情不可恕伏望聖慈
降付有司根治施行庶使宦官稍循法守不敢恣橫天
下幸甚取進止

第四

臣訪聞内臣張琳欺詐取受元符皇后金珠累具彈奏
未蒙賜可緣琳之罪狀明甚情非可恕縱而不治何以
戢姦伏望聖慈檢會臣前後章疏早賜指揮施行

第五

臣訪聞内臣張琳姦凶狡猾尤為貪汚去歲與馮説受
元符皇后金珠説已行罷去而琳在職如故憑恃權勢
肆為過惡臣累具彈奏未蒙施行今又聞琳先因干請
遂得内東門勾當既非陛下潛邸官屬近又希冒作隨
龍人特轉一官被恩駢蕃非所當得兼琳係皇太后殿
内祗應人每承恵渥不具思所以報宜何如哉竊聞近
者皇太后上僊琳既係本殿人自當披髮服孝服以盡

哀慕之至琳只依閤下人例着紫衹應士大夫扼腕謂
琳前日荷大行皇太后之恩如此其厚今日負之何速
耶其不忠情狀顯甚若不重正典刑何以示戒伏望聖
慈特賜施行

第六

臣近彈奏内臣張琳受元符皇后金珠及干求内東門
司勾當人又冒作隨龍人轉官大行皇太后上僊係本
殿衹應人不披髮服孝服等不忠事未蒙施行者臣竊

惟國家之法莫重於懲贓吏正名分誅不忠懲贓吏則貪鄙息正名分則實不亂誅不忠則臣下勸致治之要實本乎此令琳欺詐以受金珠干求以冒職任貪贓之狀如此其著也隸籍為皇太后殿祗應人時暫奉旨宣召既非陛下潛邸之官豈得為隨龍人以冒爵賞名分之實如此其紊也被受皇太后恩顧不啻天地父母一旦負之不披髮行孝服乃著紫祗應不忠之心如此其甚也為臣之罪備此三者天下之所共怒法律之所不

容縱而不治典刑安在何以肅正朝列哉伏望聖慈檢
會臣前後所奏早賜施行以允公議取進止

第七

臣近彈奏内臣張琳不為皇太后披髮成服等事不蒙
施行臣竊惟朝廷制法所以待有罪而琳之過惡顯著
臣前後彈章詳疏其狀皆可考實陛下姑務含容弗忍
加罪然惡不可長古人所戒法貴防閑先王所重伏望
聖慈檢會臣前後所奏早賜指揮以允公議取進止

第八

臣近彈奏内臣張琳受元符皇后金珠干求内東門差遣冒作隨龍人改官不為大行皇太后披髮王道與裴彦臣張琳等同惡相濟陵慢君父裴彦臣情犯甚重責降未到貶所引德音放逐便不應條法及乞令裴誼等出外事並不蒙施行臣竊惟張琳等罪惡暴著中外共知稽考迹狀不可不懲伏望聖慈會檢臣前後所奏乞賜指揮取進止

奏彈内侍李偁第一

臣竊聞陛下頃居潛邸哲宗厚天倫之愛恩遇甚渥陛下忠信恭敬未嘗以毫髮之私上干朝廷實以本府都門親事官晨昏啟閉甚勞援例奏留實占役使非有他也其事至微有何犯分臣寮之家尚許指名奏人隨行況天子之貴介弟豈有不可者乎御藥李偁輒敢凌侮悖慢誣奏都監干請但不明言陛下受請求耳今陛下續承祖宗之業位乎天地豈偁所欲偁猶領職禁中給

事左右忠臣良士莫不扼腕日夕為憂竊謂古之刑人不在君側者蓋防患於未然慮禍於不測今日安可恬然不以為慮況偁凌侮之迹甚著疑忌之心必生心既不安慮患必審若不早正典刑宫禁之中恐開釁端如前日任守忠之事爾伏望聖慈體英宗之果斷早賜施行以清宫禁以防後患實天下之福也取進止

第二

臣近彈劾御藥李偁誣奏陛下潛邸都監干請乞留都

門覲事官事乞正典刑不蒙施行者臣竊惟陛下之意
必以俑給事宫禁日在左右不忍加罪所以示恩私也
雖然恩固可行亦有時而不可行恩重於義則恩不可
以廢義義重於恩則當捨恩而從義俑前日既有凌侮
之迹今日必生疑忌之心前日已嘗犯分今日寧保其
無反側乎陛下宜察其姦謀酌其情犯斷之以義不可
牽於私恩乃可以為宗廟無窮之計孔子曰小不忍以
致大亂此言當以為戒伏望聖慈檢會前奏早賜施行

無貽後日之悔取進止

第三

臣近彈劾御藥李偁頃嘗誣奏潛邸都監干請乞留本府都門親事官顯屬陵慢不蒙施行者竊以偁在先朝憑恩橫甚雖天子之至親猶且凌忽陛下躬行受其侮今日持萬乘之權操威福之柄不即竄逐寘在左右包含容忍牽制不斷人人為之寒心竊恐奸惡日熾人莫敢議主威不立堂階之勢由此虧矣伏望聖慈奮乾剛

之斷檢會臣前後章早賜黜責以消姦慝以安天下取

進止

第四

臣累具彈奏御藥李偁誣潛邸都監干請乞留都門親

事官內臣張琳欺詐取元符皇后金珠事未見施行者

謹按偁之陵侮琳之貪汚皆顯有迹狀衆所共知雖聖

度包容未忍加罪稽之公議難屈典刑伏望聖慈早賜

施行取進止

欽定四庫全書

讜論集卷五　　　　宋　陳次升　撰

奏彈内侍王道

臣風聞内臣王道先與内臣裴彦臣等同惡相濟協勢

為姦不敦人臣之禮有凌君父之心中外傳聞孰不扼

腕除彦臣以先得罪而琳之過惡臣已别具彈奏而道

之情罪亦不可赦伏望聖慈一就指揮施行

奏彈内侍梁從政

臣伏聞内都知梁從政為哲宗升遐之初定策與章惇
異論事奉聖旨從政理當貶黜謂係神宗皇帝隨龍人
特落省職降一官依舊延福宮使提舉亳州明道宮本
家居住者竊以國家宗社至重治亂之機決於定策方
其危疑之際從政輒敢交通宰執肆行姦謀冀揺國體
若不利於聖躬原其罪犯宜在族滅陛下重念神考飛
龍之日從政常預攀附未肆市朝已為寛典然從政猶
領使額提舉琳宮仍居近便典刑未正人心未厭伏望

聖慈重行貶竄以允公議取進止

奏彈内侍郝隨

臣風聞有旨特復内臣郝隨三官臣竊惟哲宗皇帝天資純粹德性高明而隨是時隸籍宫庭給事左右務為機巧以蕩其心造作非義以惑其聽竊弄威福無敢誰何陛下臨御之初首先責降以示好惡詔命之下頗快輿議今方逾年特復三官未審何耶且刑罰者先王非得已而用之罰一將勸百也今隨之過惡尤著天下之

所共知前日之責人人尚以為輕今日復官又如此其
遽既屈公議又戾國法何以彈壓姦凶伏望聖慈特罷
復隨三官之命以副僉言取進止

奏彈内侍劉瑗

臣訪聞陛下在潛邸日察知都門親事官有勞遂援故
例奏留占役使此事之小者也非有犯分難行之理干
紊朝廷而管勾官劉瑗怒其恩非已出乃誣奏都監使
臣為之干請置之於罪又朝旨嚴宗室門令限都監出

入瑗乃揭牓府第扃鑰中門過為防守若踈哲宗親友之恩視萬乘之貴介弟如無有也按瑗乃本府之管勾官耳率一府之人奉事陛下反敢挾令作威若踈其所親用情作悻以悖其所事途人聞之莫不扼腕憤懣遠陛下延受天命入奉累聖宗廟瑗宜自知罪咎恐懼引去尚敢偃然無所忌憚握要務受恩施彷徉於陛下之左右雖陛下天地德量容忍不誅其如社稷何其如公議何昔晉文公為公子過曹衛鄭三國之君皆不為禮

焉及文公既入而主夏盟伐曹與衞春秋謂其伐無禮而不議其修舊怨夫伐不失刑禮以立政此文公所以霸也今瑗以平昔悖悍陵驁之迹猶朝夕親近而領內侍之政臣未敢謂其無包藏姦惡之心也臣聞而不言使陛下之失刑政此臣之大戮也又聞英宗之立非內侍都知任守忠意因循遲久未加斥逐反構百端幾開兩宮大隙當時諫臣論奏以節度副使安置由是光獻得以修其慈英宗得以全其孝觀瑗前日之迹陛下之

立豈瑗所欲既懷疑忌心不自安焉能保其無他耶雖
今日聖德巍巍宮殿清肅必無可開之隙然小人姦險
操心之危慮患之深造事非一端可料安得不思患而
預防之也伏望聖衷特正瑗之典刑以慰中外取進止

第二

臣近彈奏劉瑗充潛邸管勾官日誣奏都監干乞留親
事官及扃鑰府門過為防守顯有凌蔑之迹乞正典刑
未蒙施行須至再瀆天聽者竊惟陛下聖德淵懿出於

天縱頋居潛邸御下以公事上以信中外之人莫不傳
聞瑗為本府管勾官知之尤為至詳輙敢陵駕不存上
下之分且如奏留親事官為其有勞也瑗怒其恩不自
已出乃誣奏以受都監干請之私例而奏之非有欺也
瑗以為不當留是誣所奏以欺朝廷頗玷聖德又府門
啓閉自有時限瑗乃揭牓府第過為扃鑰待陛下如何
人耶瑗之悍悖不忠所事如此宜即誅戮今陛下入承
大統迺厚授恩施寘左右恬不防閑雖聖度包荒憫瑗

昔為宮僚之舊不忍加誅陛下恩德如此何負於瑗瑗之負陛下實多亦當以社稷為念較其孰輕孰重斷以大義不可狥以私恩孔子曰小不忍以致大亂此言宜以為戒兼聞瑗自懷疑懼屢嘗請去小人之心疑懼既生防患之慮何所不至竊恐別至生事若不早正典刑是陛下為瑗屈公議而撓法也法者天下之所公共天子不得而私昔漢昭平君隆慮公主之子也醉殺主傅廷尉請論武帝曰吾弟有是一子以死屬我為之涕泣

良久曰法令先帝所造也用弟故誣先帝之法吾何面
而入高廟乎又下負萬民夫昭平君帝者之親尚不敢
以私撓法瑗雖係隨龍之人其待遇之恩豈宜過於帝
者之親乎兼聞當時更有内臣一名同瑗誣奏都監干
請留親事官臣不記姓名亦乞勘會詰實一就重行黜
責取進止

寶文待制陳公讜論跋附

漢武帝從汲黯直諫不至有輪臺之悔唐德宗從宣

公奏議不至有奉天之辱使宋能從陳當時之讜論
世道不變而為宣和矣噫君子小人進退係天下一
大氣數是時日將昳矣一木而能支大廈之傾頽乎
然為臣子者忠君愛國之情不能自已元祐君子貶
竄殆盡卒不為小人所害公一言之力也嘗評吾莆
南渡以前人物輩出惟端明蔡公及公大節表表名
播青史豈非所謂出類拔萃者乎僕與公裔孫希點
有舊一日袖其書示教曰此吾祖讜論也盥手莊誦

乃知古人視國如視家朝廷一事少差必形諫疏惜
堂下萬里不悟也至元二年丙子上元鄉貢進士莆
狀元坊獻可鄭稑敬書

待制陳公行實附

公諱次升字當時行第三十乃十四朝議之次孫正
議大夫之次子母王氏二十九娘東陂人贈碩人族
處于仙谿龜峯之下公少小時庭前有荔枝樹少熟
公登其上正議公晝寢夢有祥龍蜿蜒其上起而視

之乃公也正議公心甚喜之而不自負方發蒙時讀
書一過即成誦及丱角喜操觚弄墨出一二語輒爲
時輩所印可長遊鄉校屢先諸子鳴嘗月試夜歸境
有神堂祠者爲一鄉之靈迹公至其所忽聞呵聲曰
避待制公窺之寂無人迹乃知神物之顯異也熙寧
六年癸丑余中榜賜同進士及第是時公之伯仲如
知縣公次顏教授公次寵士曹公次宗皆力學起家
閭里稱耀公初調虔之獄掾虔爲江西劇郡齊民天

性豪悍動相爭擊淹繫囹圄自公視事剖决精明庭
無留獄前此有猾吏鍾四者盜發官帑按驗不服公
至摘其奸狀即日伏辜郡將以此喜公力薦於朝除
和州防禦推官秩滿改宣德郎宰密之安丘安丘號
為難治前宰以失職去官時州從事攝政及公下車
從事首告公以此邦獄訟最繁當恢大獄宇公曰子
何不教我以無刑乃教我廣獄耶卒不聽公一綰縣
章以忠和愷悌為政民訟于庭者案牘相銜公以理

開曉之皆心服而去踰月從事行縣而囹圄空於是歎
服元豐七年甲子移英州僉判適神祖末年深厭新
法之為民病寤寐英才御史中丞黄履以公薦未赴
上聞有旨促公到闕召對便殿上首問公以卿自外
來知朝廷青苗免役等法民安之否公條疏其利病
且曰聞陛下慨然悔悟之意遠方之民日有生氣上
首肯之得旨與監察御史公一入臺糾察庶務振刷
宏綱風采凜然權貴褫氣上嘗以諸路監司責任不

輕朝廷當考其煩急揞克與弛慢者議遣使按察會
上晏駕不果元豐八年二聖臨御體先帝遺意四月
遣公按察江南西路公即駕軺車一入其境百姓遮
道陳訴官司抑配買鹽之弊公遂檄州縣即為那移
均減回奏漕臣蹇序辰父子虛張鹽額勒令承買煩
勞州縣欺罔朝廷時正言王公覿亦論列之蹇序辰
父子鐫降有差五月遣公按察提舉荆湖元祐更化
公乃還朝供職二月司馬文正公當軸登用正人一

時名流如劉摯蘇轍范純仁王巖叟等並居言路公之挺直不減諸公而和平溫雅過之公以幸遭明時言事無隱初保甲之行貧民苦于冬教元豐末詔府界三路或家止有一丁病患未該破丁者及第五等以下土地不及二十畝者並免至是有衝改其法公上疏力爭乞依元豐八年指揮以安存貧下老弱之民王文公用事之日獻利之臣惟務掊克上供之外別置封樁錢皆溢數以取於民公皆乞罷之又乞張

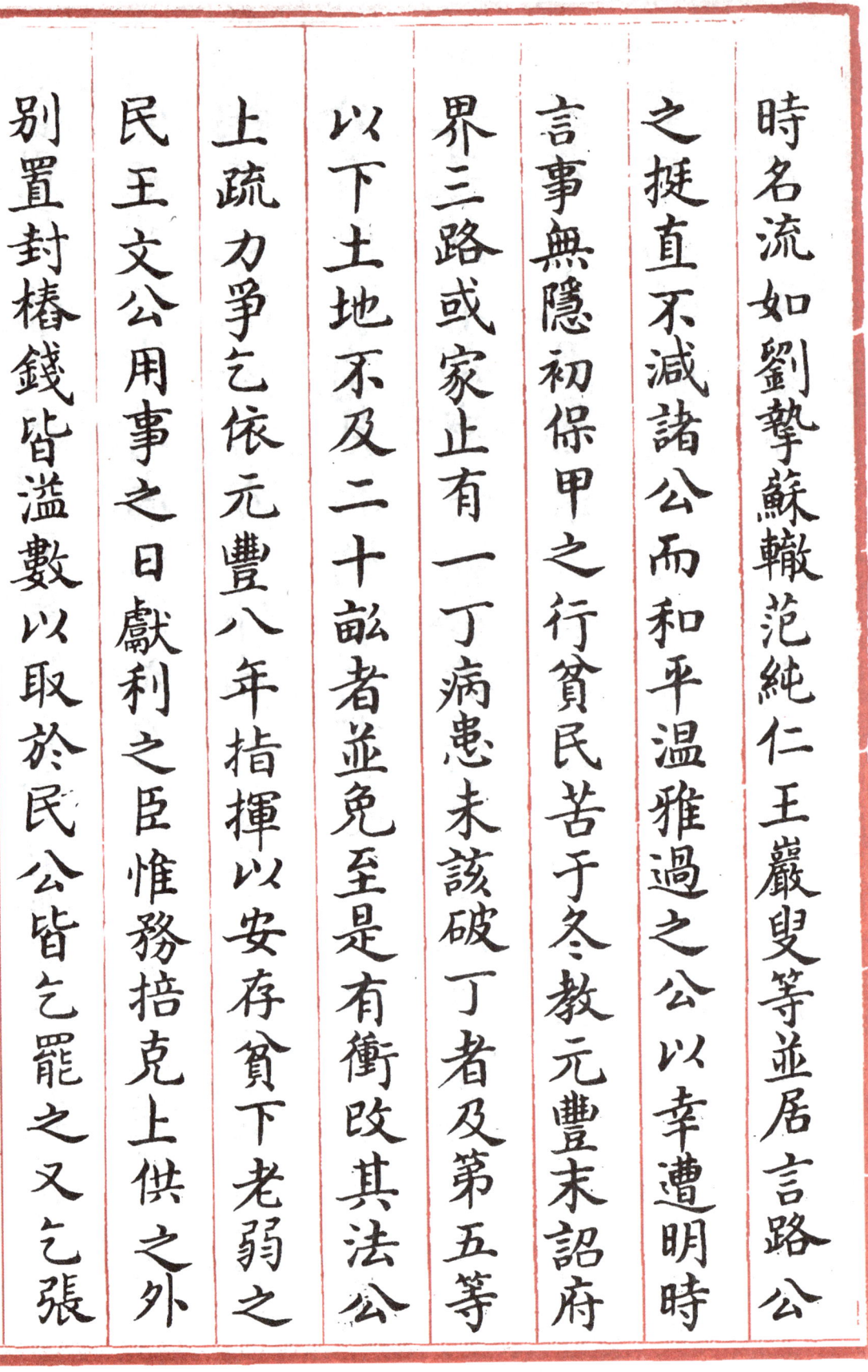

官置局許之訴理庶用法過當事涉寃抑者皆得伸雪無非切中時病未幾九月文正公即世諸賢已有相攻之隙公乃力丐外補十月得詔提點淮南刑獄公去國未踰月而朋黨之事起矣公雖自中補外處之泰然有部吏者初公微時宰邑儇遊嘗與公有隙及公之來負慙求去公曰吾不以私廢公子盡心民事可也既而薦以剡章其人益感愧且服公之德量甫及一年易節詳刑淮東時諸道監司奏課惟公為

最到闕除兵部員外郎就職甫月餘丁内外艱公自
中都扶櫬歸里雖寒月而扉屨不徹免服之日不肯
赴闕有旨促公至則除刑部員外郎公明練典章雖
老吏莫肆其姦巧律令格式為之一正八月遣公提
點荆湖公元豐間司按察日已熟識一方之利病至
則首舉行之吏民相安惟恐其去紹聖二年再除監
察御史時參用熙豐舊黨善類繼引去公處羣小之
中挺然特立每朝廷有政事輙慷慨力爭上嘗欲幸

金明池所造龍船極精巧言千金之子不垂堂百金之子不倚衡聖主不乘危不徼幸又言陛下勤儉過于夏禹有司不能宣明德意所造之舟其費不貲游幸之日天乃大風豈非愛佑陛下而使覺悟乎上嘉納焉閲月除殿中侍御史勸上收威福之柄反覆數百言仍奏臺諫官當出聖選如近日監察御史三人闕命翰林學士御史中丞共薦三人所召者二人而已未審出於陛下之意或出於宰相之私若出執政

近臣豈能免天下之議此源若開臣恐異日臺諫阿
附權臣而負陛下矣今後若近臣薦舉並須召對視
其人才去取出於聖斷又言為治之道莫先乎用人
用人之要莫大乎辨邪正何謂正知君父為尊而不
麗于權要所謂正人也何謂邪執政之所惡則從而
擠之執政之所喜則從而譽之不顧公議惟執私恩
所謂邪也故古之聖王以治道為本在于進退人才
進退人才乃人主作福作威者也故邪必去之而天

下所共棄賢必任之而天下所共喜今朝廷除命一下縉紳必相謂曰若非權貴之親則門下之士或一年之間屢進論其人則無可稱之善或陛下之所黜而擢用愈速姦佞貪汚因人所論其進益鋭如此則豈足以盡天下之公議哉望聖慈收還威福之柄進賢在于必果無為奸人所移黜邪在於勿疑無為朋黨所庇時禁中失火公言災異之來必有所因自古聖王德雖甚盛世雖甚治必恐懼修省祇肅天戒故

祖宗以來聖德可謂盛矣治具可謂修矣每遇變異常恐其不逮内則小心以求諸已外則下詔以求直言伏望聖慈追而行之上答天變下達民情儻愚者之言或有一得庶幾聖政有補萬分又因星變上疏曰自古有道德之君天必愛祐之時出變異以警戒之竊聞陛下謙冲退托下詔損常膳避正殿罷秋宴求直言此盛德之舉社稷之福也然考之政事先朝有星變必須頒赦恩以滌幽枉臣欲乞斷自聖衷施

行庶使變異自消福祥自至時大臣掊摭舊事增過
元祐臣僚適江淡李仲等送吏部合入差遣錄黄行
下以元祐間所獻文字得罪公言紹聖元年責降吕
大防等節文有其餘一切不問之語今汪淡等以上
書得罪則前者勑牓殆成虚文豈不有傷國體繼又
差官置局編排元祐章疏公言臣近奏乞宣諭大臣
遵守勑牓未施行間今欲以人言之失致之有過之
地則初年詔令嘗許自新適所以悞天下疏入不報

三年十月侍講官常立上殿公奏謂立嘗以父秩行狀申國史院盛譽安石詆誣先帝驁慵肆爲無狀以大臣親昵私相薦引特乞黜責以警官邪祕書省周種除著作佐郎公奏謂館閣所待天下之英才人才之先者莫先於履行種之履行無取朝廷進用甚速之者莫先於履行種之履行無取朝廷進用甚速豈能厭服人心凡十上章乃罷種職初蘇頌罷相來之邵言鄒浩交結頌之子弟躐遷博士朝廷以浩教授襄州公言浩學問該博行義修明言者附會權臣

妄有彈擊命下之日縉紳咸以為寃今朝廷公明宜
在昭雪特乞改正以副輿論左正言孫諤以爭役法
不合左遷軍壘公言免役之法實欲便民諫官以言
為職既有見聞必須上達其言儻是則當聽納其言
或失亦在曲全以示朝廷之容德也三年十二月擢
左司諫時章蔡以公乃神廟親擢元祐間多持節在
外未嘗顯用謂公必怨望紹聖初特除言官欲其出
力排元祐舊人以為已助公至則首論勑牓反覆繼

論周種常立等自此章蔡始不悅嘗令太府卿林顔致誠悃於公曰昨自湖外來復登憲府皆已之力苟相助何患不得美官公曰其知守官而已不知其他公為卿監乃為宰執傳風旨耶顔愧而去章蔡益銜公屢於上前媒蘖其短賴上知公樸忠計卒不行會朔方河潰民移大臣欲乘間出公總漕計進呈謂非陳某不可上顧徐曰一轉運之才何難得陳某敢言不當令去左右數日公乞罷臺職章上御筆親擢可

除左司諫公力辭不就適曾布奏事上前上因語之
曰朕除陳某諫官廷議何如布奏皆謂陛下得人上
曰尚未肯就職公知眷注之隆遂受命登對方造膝
上遽曰久不聞卿讜論公再乞避言路上曰朕親擢
卿復何辭公益感厲自奮時奸人擠陷忠良肆行謗
毀欲盡寘元祐臣僚於死地朝論藉藉上亦疑之因
公奏對上顧問近日朝廷有何議論公遂奏曰臣聞
小人橫議搖動宣仁徽號如臣所聞宣仁保佑聖躬

終始無間若姦臣疵毀輒有議論不惟有虧聖孝且
失人心上竦然曰卿何從得公曰臣職許風聞當以
忠告陛下不當詰臣所從來願勿聽銷骨之謗上首
頷之者再元符改元京等興同文館獄竟不得其要
領乃更遣吕升卿董必使嶺外欲盡殺元祐黨人公
聞之亟見上奏曰陛下初欲保全元祐臣僚今乃欲
殺之何耶上曰無之卿何為出此語公曰以升卿為
廣南按察豈非殺之耶升卿乃惠卿之弟元祐間貶

罷家居其人資性慘刻善求人過今使擁使節元祐
臣僚遷謫之地理無全者上翻然大悟即日罷升卿
按察職元城劉公安世聞之曰陳當時有功于元祐
人居多瑶華獄起一時諫官皆規避不敢言如玉山
子客問之作田承君墨子之詩皆諷有言責者之默
默也公獨氣概挺挺咢鑊不避上疏乞寛掖廷之獄
寢華陽之封二疏入人皆危之而公獨凜然辨果不
勝而中宫將它有建立適濟陽郡王宗景以侍姬楊

氏為正室公上疏力爭言多激烈蓋陰諷焉上雖采
公之言罷宗景黜楊氏而建立之意已不可回會一
日奏大理觀望多致濫獄蓋詆章蔡之苛刻也上問
大臣曰陳某言觀望者何卞奏謂觀望陛下以激怒
耳上黙然又以嘗劾章惇奏入不報一日陛對上謂
公曰章惇文字勿令絕了公唯唯而退出告王鞏鞏
謂公曰胡不曰諫臣任耳目之官帝王猶心也心所
不知故耳目為之傳達心若自知何用耳目陛下既

知惇胡不罷斥更須臣等文字公後數日再對上語
及惇公如輩所言對上曰未有代惇者於是惇等抵
巇求罅無所不至而掖廷愈欲公去二年五月貶全
州酒税制詔有陳𦗟元祐中所上章疏詆毁先政朕
嘗含容其過庶使自新復敢狃習故態覬望言事之
語上以湖南地遠當遷江南章蔡遂移公南安軍南
安地隣梅嶺瘴癘之鄉上初不知及謝表至上始悟
焉將舉移而上已大漸矣㣲廟入繼大統登用正人

詔起公知廣德軍四月降制書曰勑知廣德軍陳某
朕收集忠良布在言路而臺端處位未稱朕意為國
司直爾惟其人惟爾敦厚清明屢膺耳目之寄有聞
必告處人所難朕惟汝嘉起自謫籍處以橫榻使參
中司推爾平日之心為予初政之助事有不當于理
臣有不協于極悉意抗論副予虛懷可侍御史公既
至上以公歸自嶺海問勞再三公退而上六事凡數
千言一曰法天二曰稽古三曰修身四曰仁民五曰

崇儉六曰用人上俞允之元祐中詔修神宗實錄至
紹聖中曾布阿章惇蔡卞之旨上言謂神廟實錄司
馬光等記事不實乞用王安石手自編寫奏對日錄
進入重修左司諫陳瓘為尊堯集以獻力辨其非不
賜施行至是公上疏爭之且言神考一朝大典儻容
史官任其私意紊亂事實何以彰聖孝之至凡四上
章時陳瓘鄒浩龔夬等同在言路天下拭目新政公
等尤以指斥奸臣薦引善類為任九月公言章惇自

登揆政任私言奉使山陵措置乖謬於是惇乞罷政
公又率同僚陳師錫陳瓘等言惇包藏陰謀助尊私
史擅興軍旅妄詆宗廟數事惇遂有潭州之命公又
言貶竄太輕未快輿論又上疏論列之惇由是遠謫
雷州先是諫官言京卞兄弟同惡相濟迷朝誤國宜
正典刑於是卞謫居太平京出守江寧公至是又言
蔡卞備位政府肆行奸謀竊弄賞罰私報恩讐時人
目為笑面夜又今又分務仍居善地何以懲奸尋移

卞池州公言池與太平乃是隣壤罪大罰輕未愜衆
議又言奸邪凶險陰害善良呼吸羣小交通内外今
寵以端殿委之帥府委是失刑尋罷京職名又言京
親昵閹宦漏泄宫禁原情麗辟宜即投荒京由是提
舉洞霄宫河北轉運使張商英不候朝旨開臨河界
沙河虛費人力三十村之民不可復耕公乞罷役且
正其罪商英落職知隨州錢遹除殿中侍御史公言
錢遹假曾肇之名為一豪户撰墓誌又假肇書受豪

戶金有無未白肇今為翰林學士可問而知若果有
之盜詐之人豈可以任天子耳目之官及親聞德音
謂其假肇名為父撰墓誌銘撰銘初無利害尚爾欺
詐若論列朝政利害有大于此者能保其勿欺乎後
章再上遹竟罷臺職蹇序辰以龍圖閣待制知揚州
公言序辰紹聖初以蔡卞引援寘在都司日遊章惇
之門肆為蠆毒時安燾為門下侍郎持論端正惇甚
惡之序辰陰蓄奸謀乃令王厚造為謗言惇則乞起

大獄名為取問更不審録安燾遂罷執政王震亦以
罪逐兼序辰又以元祐理訴為非毁入劄乞看詳責
降乃令安惇請其事自是緣訴理被禍者七八百人
衣冠塗炭莫此為甚今尚居從班承流藩府伏望特
行黜責序辰由是除名放歸田里賈種民除直龍圖
閣陝西轉運使公言種民自領清汴職事所辟官四
十餘員所役兵夫至百萬增築狹水堰月河但為舟
船之害並無分毫之利朝廷灼見事實狹水堰遂行

毀拆月河存而不用今聞不住移文修築及造天漢
等橋費用不貲輒行下州縣自清汴以來沿路稅務
收到稅錢並令撥還清汴司州縣苦之兼所領在京
茶場所收之息未見實數而洛口沿汴河兵士任意
差使恣横違法略無忌憚乞罷種民職事仍付有司
根磨洛口及清汴司茶場處財物務要的確又公言
陛下紹天明命入繼大統發謀定策盡出皇太后獨
斷國勢已定章惇猶肆異論曾布許將當日皆在簾

下不聞一言先斷大義今命于布則曰與參顧命于將則曰獲參顧命若不改正傳之萬世布等掠定策之美名掩太母之盛德其累非細臣者梁從政當議立之初與章惇異論至是已落省職降官宮觀公奏謂國家宗廟至重方其危疑之際輒敢交通宰執肆行姦謀將不利於聖躬念其嘗於神宗有攀附之故猶當貶竄御藥閤守懃奏事上前內侍裴彥臣以手敲守懃幞頭高聲道曰莫錯斬人公奏彥臣敢於御

前肆為不敬無人臣之禮罪不容赦凡四言之彥臣
遂斥荒外以至張琳郝隨之姦狡李偁劉瑗之凌侮
公皆極力彈擊之建中靖國改元擢司大諫時章蔡
雖已去國而韓忠彥之弱不足以勝曾布之姦薦引
除授多任己意司諫陳瓘言皇太后已復辟而猶預
政出守泰州公言瓘以風聞論事偶有失實祗緣京
等肆其姦詐僥倖進用唱為此言脅嚇臺諫瓘既聞
之遂具論奏言雖過當本實為國今大奸既遂罪人

斯得擢之功也宜在可賞伏望特賜召還獎進言路

續又上皇太后書且言擢之言乃得于傳播之妄祕

書少監鄧洵武同修國史公言昨以洵武為史院檢

討朝廷謂之不可遂行寢罷今又有此差除命令反

覆如此何以明是非別賢否況洵武父綰昔為御史

中丞為王安石求賜第為其子雱及壻蔡卞館職神

宗察見其底裏親批聖語云持心頗僻賦性回邪論

事薦人不循分守今洵武豈能公心直筆以發揮神

考之盛德梁子美除京西轉運使公言子美天資險
刻善于交結頃緣章惇故擢使湖外紹聖間謫官在
所部者均被凌虐陛下親政之初是時與子美同惡
之人如張景温董必等皆蒙罷黜子美幸免又除府
界提點士論扼腕近除省郎中書舍人鄒浩繳駁特
行寢罷人以為當曾未踰月又有此差除朝廷除授
如此何以信服天下又言右僕射曾布性稟姦邪心
懷凶險自登宰席獨擅國權如移臺諫一事可為寒

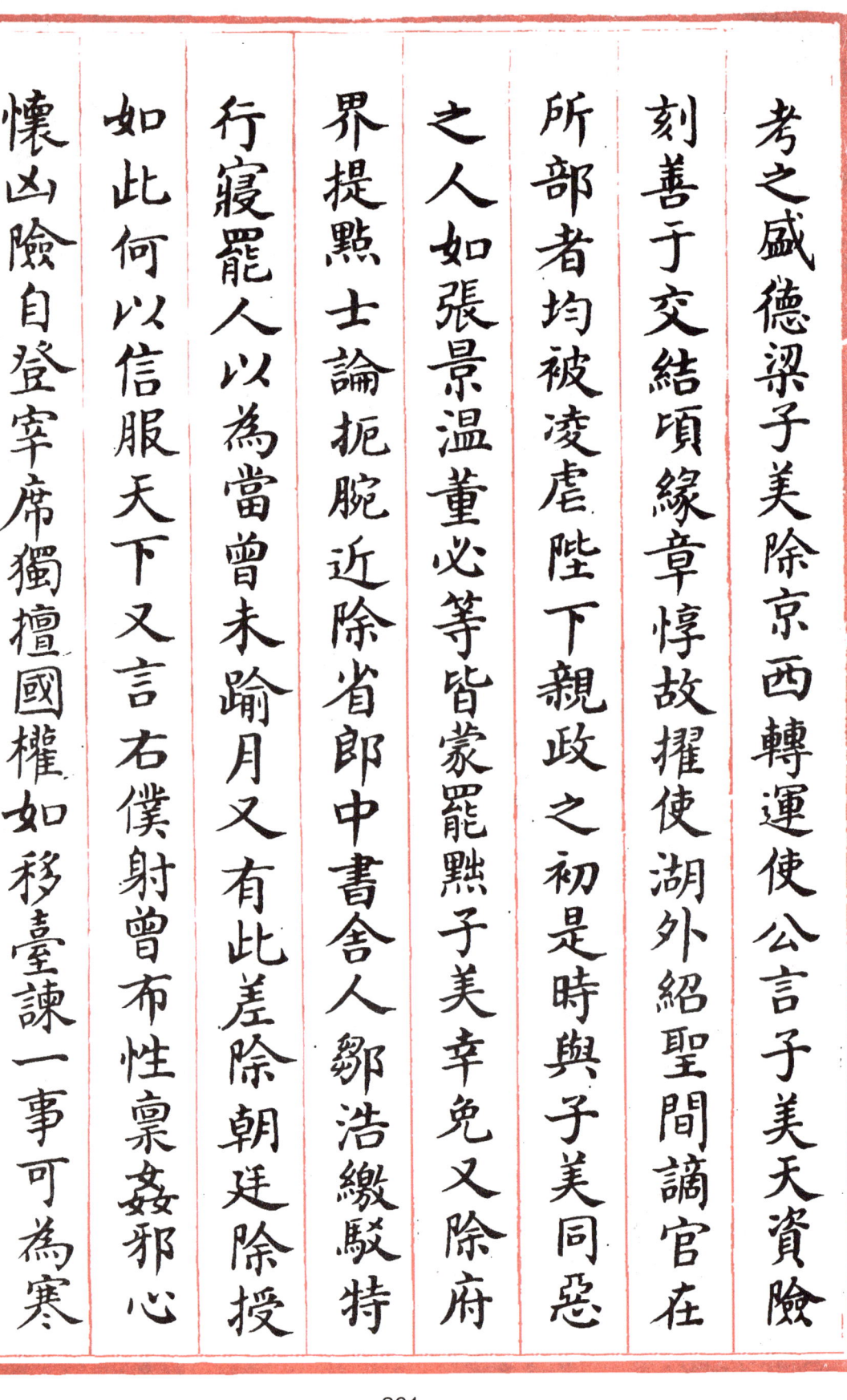

心欲特乞正布之典刑以謝天下章凡十上而布巧
于固位八月公出使契丹及境接伴使來公設席用
花株使人不受公亦不徹沿路多不遵故事但曰今
新主也公一切辨正之及就館以李儼立辨用花之
禮且曰南朝亦在亮陰中公曰本朝故事虞主祔廟
後百官吉服惟不聽樂儼曰花樂相須既不聽樂何
故用花公曰嘗聞三載四海遏密八音未嘗禁花儼
詞屈就席如禮仍告公曰道宗皇帝廷試進士賦嘗

以南北永敦信誓為題如聞近日求為釁端是否公

曰祖宗盟好誠貫白日兩朝赤子之福也崇寧元年

還國公出使之十一月曾布進紹述之說於是上決

意用京使還之日京之黨與布滿津要公雖得旨試

給事中而力莫回天矣以寶文閣待制出知潁昌府

京等姦言洽至降公充集賢院修撰而吳材王能甫

尚肆醜詆言公元祐初擅欲取先朝約束紛更之于

是遣使四方而適當江西首唱異議以致惑流俗依

憑羣枉幸其時變附會姦臣錢竊名位遂落公集賢
殿修撰知萊州是時京等報復私怨紛紛不已十月
論欲廢元符后罪以公嘗上書之故任伯雨張廷堅
等並罷黜而公罷居濠州十一月論元符末變更法
度為元祐者罪周常等二十八人並責罰而公自濠
州移臨江軍十二月論棄湟州罪以公嘗論可棄可
守之策蔣之奇等十人並鐫降而公復除名建昌軍
居住二年正月中書省檢會前諫官陳瓘鄒浩等十

三人曾入章疏詆毀先朝者並編管廣南諸州而公
貶循州先蘇公子由亦貶其所公繼之來頗能淡而
無慊暇日則幅巾藜杖詩酒自娱雖居瘴雨蠻烟之
處而草石温劑未嘗過而問焉二公既去邦人即其
嘗遊玩之地為堂祠之名曰蘇陳堂又有台隱堂至
今循民崇奉之惟謹四年京等籍元祐黨人司馬光
蘇軾秦觀等姓名立碑于文德殿之東後上因天變
彗星出西方長竟天慨然悔悟特加英斷命毀石刻

碑應元祐元符間黨人以次序復公朝奉大夫知漳州京等復用力詆毀以知江南府徐勣知虔州郭知章知福州朱紱與公皆元祐姦朋詆誣宗廟今任牧守豈能奉行法令體朝廷紹述之意遂差公提舉明道宮大觀四年十一月蔡京罷相十二月復公集賢殿修撰政和八年復寶文閣待制宣和元年上章告老續上遺表終于私第訃聞特贈太中大夫公有行狀一集讜論一集見傳于世公甲申九月癸酉日甲

寅時生巳亥三月十五日卒享年七十有六娶朝請
大夫郭師愈之女吉州人封令人再娶妻李氏十九
娘開封人七男一女男曰文伯曰安仁早世曰安義
湖州長興縣尉曰安禮承奉郎曰安强承事郎次二
人早亡女一人適通直郎邵武軍判官林顏姪一人
曰安國朝奉郎致仕乃公郊奏補孫三人曰永年迪
功郎初任越州簿尉再任楚州司理兵曹長子曰永
世宣教郎知臨江軍清江縣兵曹次子曰永思廸功

郎吉州廬陵縣尉兵曹弟三子姪孫三人曰永言廉
州石康縣尉十三提幹是也曰太平初任監泉州石
井鎮後任福州永福知縣十四知縣是也曰利賓修
職郎德慶府瀧水縣丞十九通真是也公生穎悟雅
有大志方為兒時已嶄然見頭角衆皆知陳氏原本此句下有闕文
右侍制諫議大夫陳公奏議二百七篇總二十卷取
哲廟聖語標曰讜論其出處大致公猶子南安丞安
國序于編端為甚詳僕竊悲公之直道不得行而當

時國事可為流涕而長太息也公受知裕陵自外僚
召對闕庭遂除臺察泰陵初政繇荆湖持節歸復官
如初其前後論列凜有風采屬諸賢相攻力丐補外
紹元間既入復出柄國者常遣所客諭意而公執論
不渝逮徽廟繼統超公謫籍中再登大坡遂彈曾布
劾章惇攻二蔡章各數十上是以狙輩切齒譁然而
攻者不少緩夫何公遭遇三聖之厚而獨不為羣小
所容蓋一士之諤諤不能勝衆口之狺狺至使一墮

癉鄉終不復入修門豈非公之直道不得行而大可
悲也歟雖然元祐之初使司馬丞相未即死章蔡未
至大用未必局面一變而為紹聖建中之後使元長
終于奉祠不復召還公與瑩中志完二三正人在朝
亦未必局面再變而為宣和繇是言之豈非當時國
事可為流涕而長太息也歟嗚呼小人之得志于一
時靡所不至其詆誣諸君子皆指為姦黨及公論既
定向之流落嶺海者皆名香史籍回視前日之小人

為世唾罵曾狗彘之不若又孰榮孰悴孰得孰失哉

昔蘇文忠公序田表聖奏議以古遺直許之公與文忠皆元祐黨人氣節大畧相似使文忠及見是編不獨稱之曰遺直當為擊節三嘆云時泰定甲子新元夏五紫蓋山逸民陳士壯則中再拜手敬書于祕山希點精舍

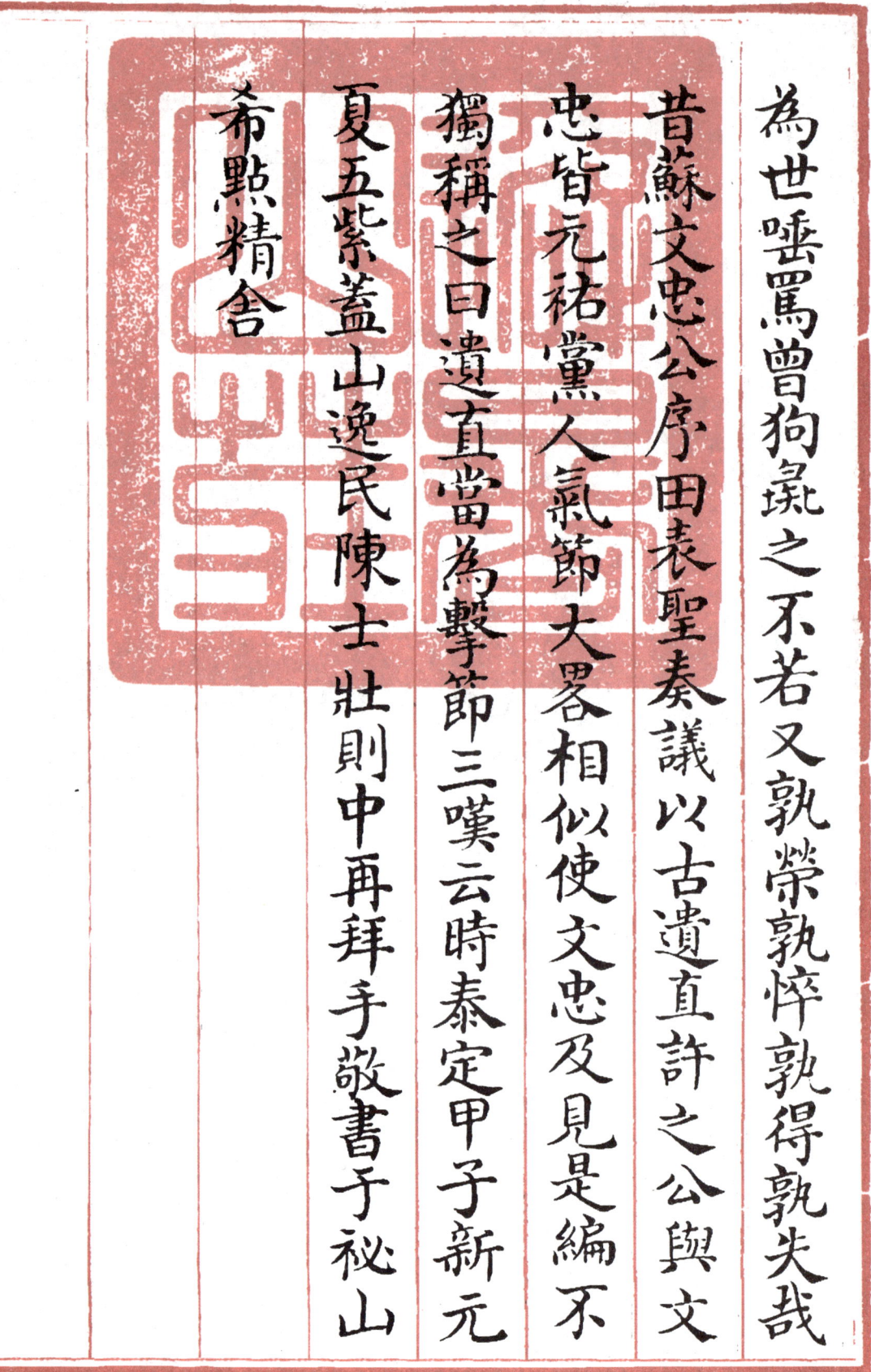

謄録附生臣俣　軒

圖書在版編目（CIP）數據

讜論集 / (宋) 陳次升撰. — 北京：中國書店，2018.8

ISBN 978-7-5149-2038-3

Ⅰ. ①讜… Ⅱ. ①陳… Ⅲ. ①政治制度史－研究－中國－宋代 Ⅳ. ①D691.21

中國版本圖書館CIP數據核字(2018)第080019號

四庫全書·詔令奏議類

讜論集

作　者　宋·陳次升 撰

出版發行　中國書店

地　址　北京市西城區琉璃廠東街一一五號

郵　編　一〇〇〇五〇

印　刷　山東汶上新華印刷有限公司

開　本　730毫米×1130毫米　1/16

印　張　17.5

版　次　二〇一八年八月第一版第一次印刷

書　號　ISBN 978-7-5149-2038-3

定　價　六六　元